JN042238

関節のゆがみ・
骨の配列を整える
最新理論

リアライン・トレーニング

ReaLine Training

下肢編

蒲田和芳 著
Kazuyoshi Gamada

講談社

本書で
使われる用語
について
本書では，リアライン・コンセプト®によって定義されたリアライン®，スタビライズ，コーディネートという用語を名詞として用いる．これらは，それぞれ realign, stabilize, coordinate という英語の動詞をカタカナで表記したものである．

本来，アライメントを修正すること意味する名詞は realignment（リアライメント）であるが，リアライン・コンセプト®では realign（リアライン®）を名詞として用いている．その理由として以下の点が挙げられる．

①「リアライン」という短い単語を用いることで読みやすく，また覚えやすくすること，
②「リアライン」は保存療法によって軽微なマルアライメントを修正することを意味しており，一般に用いられる手術による関節変形の矯正を意味するリアライメントとは異なる概念であること，
③「リアライン」は，「矯正（realignment）」よりも「矯正する過程（realigning process）」に近い意味で用いられており，動詞的な意味を込めて使っていること，

「スタビライズ」は「リアラインで得た正常な関節運動とアライメントを維持するための筋活動パターンを学習・強化すること」というリアライン・コンセプト®に固有の意味で用いられる．したがって，「良好なアライメントを保つための関節運動の安定化の過程（stabilizing process）」を短縮してスタビライズ（stabilize）と表現する．

「コーディネート」は，「全身の関節運動を協調させつつ，リアラインとスタビライズで得た理想的な関節運動を乱さないような全身運動（動作パターン）を獲得すること」という意味で用いられている．したがって，「マルアライメントの再発を防ぐ全身運動の協調化の過程（coordinating process）」を短縮してコーディネート（coordinate）と表現する．

以上の定義に基づき，「リアライン・コンセプト®」において，「リアラインの過程（realigning process）を再優先とした治療・トレーニングの理論」という意味でリアラインを名詞として用いることとした．

(注) ReaLine®，リアライン®，リアライン・コンセプト®，リアライン・スタジオ®，リアライン・ゴルフ®は，有限会社 OPTI の登録商標である．

リアライン・トレーニング〈下肢編〉

contents

序 章　リアライン・トレーニングとは　1

第1章　膝関節　9

第2章　足関節　45

第3章　足部　79

第4章　下肢のグローバル・リアライン　111

写真──村田克己ほか

写真モデル──東京ガールズ（MAMI）ほか

エクササイズ指導──杉野伸治

撮影協力──衣装：株式会社ドーム　エクササイズツール：株式会社 GLAB

ブックデザイン──安田あたる

※リアライン® および Realine® は，登録商標です．

はじめに

本書『リアライン・トレーニング〈下肢編〉』では，リアライン・コンセプト® に基づく膝関節，足関節，足部に生じるマルアライメントへの対策や予防法を紹介します．原則として，個々の関節のリアライメント（ローカル・リアライン）とその周辺の筋活動の最適化（ローカル・スタビライズ）を行い，そのうえで股関節も含めた下肢全体の動的アライメントの修正（グローバル・リアライン）とその安定化（グローバル・スタビライズ）といった流れで治療やトレーニングを進めます．ここでいう「ローカル」とは個々の関節を，「グローバル」とは複数の関節（本書では下肢全体）を意味します．なお，骨盤と密接な関係を持つ股関節については，前著『リアライン・トレーニング〈体幹・股関節編〉』に記載しました．

下肢はスポーツ活動による力学的ストレスにさらされます．このため，膝前十字靱帯損傷や足関節捻挫といった急性外傷，シンスプリントや疲労骨折，腸脛靱帯炎などの慢性外傷など，多種多様な疾患が発生します．また，潜在的なマルアライメントの存在はもとより，外傷からの回復過程でマルアライメントが進行し，徐々に変形性関節症へと移行していく場合もあります．このような関節破壊のプロセスを抑制するためには，力学的ストレスが適切に分散・吸収されるための条件である理想的なアライメントを取り戻すことが必要となります．

本書では，軽微な関節のマルアライメントを不可逆的なものではなく，一種の関節拘縮と捉え，軟部組織の滑走性改善と運動療法（リアライン・トレーニング）によって改善しうるもの，という前提に立って記載していきます．本書が，下肢の外傷予防に，そして下肢疾患からの回復の遅れに悩むアスリートの福音となることを祈念しています．

以下は「リアライン・トレーニング」を紹介する文章です．前著である『リアライン・トレーニング〈体幹・股関節編〉』とほぼ同一の文章を掲載しています．

1. リアライン・トレーニングとは

本書では，これまでとはまったく異なる新しいトレーニングの進め方を提案します．それは，「関節のアライメント」を最優先としたトレーニング理論であり，これを本書では「リアライン・ト

レーニング」と呼ぶことにします.「リアライン」とは「アライメント」を「整える」という意味です.「アライメント alignment」とは骨の配列のことであり,骨の配列が崩れた状態を「マルアライメント malalignment」,「リアライン realign」はマルアライメントを正常な状態に向けて修正することを意味します（図1）.

　これまでのトレーニング体系において,筋力,筋持久力,全身持久力,瞬発力,バランス機能,固有受容機能などの個別の身体機能向上を目的としたもの,そしてこれらの要素を統合する神経筋機能の向上を目的とした協調性トレーニング,ファンクショナルトレーニングなどがあります.いずれも,世界中で数多くの研究が行われ,科学的な検証が進められてきました.またスポーツ現場においてもアスリートの競技力向上に貢献してきました.しかし,これらの身体機能は,関節のアライメントが崩れていては役に立たないどころか,さまざまな痛みや機能障害の原因にすらなります.これまで「関節」に注目したトレーニング理論は皆無に等しいのです.つまり,すべてのトレーニング理論は「正常な関節運動」を前提として構築されてきたことになります.

　バイオメカニクスの研究において,多くの関節は「ヒンジ」のように,固定された運動軸を中心に回転運動を行うものと仮定されます.しかし,実際の関節の構造はそれよりもはるかに複雑で,さまざまな原因で滑らかな運動が損ねられてしまいます.その原因としてマルアライメントがあります.一般に関節の静的アライメントは個人差であり,通常はトレーニングやスポーツ活動によって変化しないものとみなされています.また,変形性関節症のように関節に著明な変形が進む状態は関節軟骨の変性や破壊によって起こるものであり,逆に関節軟骨が正常な場合に関節の変形は起こらないものと考えられています.

　著者は,このような前提には多数の誤りが含まれていると考えています.実際に,関節軟骨の変化を伴わずに,関節アライメントは成長や加齢とともに,そしてスポーツ活動の影響によって徐々に変化します.このような変化は,成人だけでなく,子どもや成長期のアスリートにも起こります.つまり,マルアライメントはある意味では誰にでも起こりうる人類共通の問題なのです.マルアライメントは,関節内の接触点の移動,関節周囲の筋や腱,靱帯など軟部組織の緊張の異常,筋活動パターンの変化,可動域制限などを引き起こします.そして,その影響は,トレーニング効果に限界をもたらし,怪我からの機能回復や痛みの消失を妨げ,さらなるマルアライメントの進行をもたらします.しかし,これらの原因が関節にあることを的確に判断し,適切な処方

図1　リアライン・トレーニングとは
　　　「リアライン」とは「アライメント（alignment）；骨の配列」を「整える」という意味.

マルアライメント（malalignment）；骨の配列が崩れた状態

リアライン

正常な状態に修正

箋を出すことのできるような専門家を養成する教育カリキュラムや，研究を進めていく専門分野も存在しないのです．また，マルアライメントがスポーツパフォーマンスや筋機能，神経筋協調性に及ぼす影響などについての研究はほとんど手つかずの状態といえます．

「リアライン・トレーニング」は関節アライメントを理想に近い状態に整えることにより，上記の身体機能をさらに効果的に発揮できるようにします．**リアライン・トレーニングは，①リアライン，②スタビライズ，③コーディネート，の3フェイズで進めていきます**．まず「リアライン・フェイズ」では，アライメントを理想に近い状態に近づけ，スムーズで違和感のない関節運動を作ります．次の「スタビライズ・フェイズ」では，理想の関節運動を維持するために必要な筋活動パターンの学習と筋力向上を目的とします．第3の「コーディネート・フェイズ」では，マルアライメントが再発することを防ぐため，スポーツ動作の中でマルアライメントの直接的な原因となる動作（マルユース）を修正します．このトレーニングの流れや位置づけについては，本書の第4章で詳しく説明します．

2. アスリート・スポーツ指導者・トレーニング指導者へのメッセージ

　著者は，理学療法士としてオリンピックなどのスポーツ大会，医療機関，スポーツ現場などで数多くのアスリートの治療に携わってきました．そして，アスリートが選手として不完全燃焼の状態で引退に追い込まれていく姿を数多く見てきました．スポーツ外傷（急性・慢性を含む）後に競技復帰できなかった選手，競技復帰を果たしたが元通りのパフォーマンスが発揮できなくなった選手，そして復帰しても外傷の再発や他の外傷の発生を防ぐことができなかった例，など大変残念な結果に終わった例も多数あります．引退を早める原因をいくつか挙げてみましょう．

●力が入らない

　アスリートが十分トレーニングできないと感じると，必然的にパフォーマンスにも影響が出現します．筋力や持久力の低下といった数値に影響が出る場合もありますが，「力が入りにくい」，「関節の動きが硬い」，「関節周囲の筋・腱の疲労がとれない」といった数値化されないような漠然とした不調が自覚されることもあります．その原因の一つとして，マルアライメントによって関節が正常に動いていない可能性があります．

●痛みが残る

　スポーツ外傷の後，リハビリを行っても痛みがとれない，力が入らないといった後遺症が原因で引退に至る選手は後を絶ちません．多くは，外傷で損傷した靱帯や筋などの組織は修復されているにもかかわらず，痛みなどの「症状」や筋力などの「機能」が十分回復しないのです．その原因として，外傷そのものの影響に加えて，受傷前から存在したマルアライメント，そして受傷後の固定や保護期間によってつくられたマルアライメントが関与している可能性があります．

●関節が不安定

　靱帯損傷の結果，関節の安定性が損なわれ，「関節がグラグラする」，「捻りそうで怖い」，「突然関節がずれる」といった不安定感が残存する場合があります．このような不安定感をもたらす外傷として足関節捻挫，肩関節脱臼，膝関節の前十字靱帯損傷などが挙げられます．靱帯が損傷した場合，元通りに修復されることはほとんどありません．正常な状態よりも伸張された状態で

修復される場合がほとんどで，前十字靱帯などでは切れたままの状態になってしまうことさえあります．このような場合，手術を受けるか否かにかかわらず，再発を防ぐためには，再発が起こりやすいアライメントを的確に修正したうえで，再発を防ぐための筋活動パターンを獲得しなければなりません．

●思い切り関節を動かせない

関節にマルアライメントが生じると，関節の可動域の限界付近にさまざまな異常が出現します．その結果，躊躇なく肘を伸ばしたり，膝を完全に伸ばしたりできなくなる場合があります．その原因として，肘や膝の完全伸展位や足関節背屈位など，可動域の限界において関節の適合性（噛み合わせ）が乱れてしまうことが考えられます．見かけ上の関節の可動域は正常でも，マルアライメントが存在するためにパフォーマンスの低下が起こってしまいます．

●関節がこわばる，硬い

スポーツ外傷後に関節可動域は回復したが，関節のスムーズな運動が回復しないということがしばしば起こります．その原因として，関節の炎症やダメージに加え，圧迫や固定によって生じる皮膚と骨膜，皮下脂肪とファシア（fascia），筋間など関節周囲の組織の滑走性に異常をきたしている場合があります．このような滑走不全はテーピングやブレースによる固定の長期的な影響として起こることもあり，初期治療の選択が重要となります．このような滑走性の低下は，通常のリハビリやトレーニングで解消されることはなく，関節の運動に異常を招きます．その結果，長時間のウォームアップが必要になったり，疲労が残りやすくなったり，といった関節の不調が続くことになります．

●筋肉が疲れやすい，硬い

スポーツ外傷の後，関節周辺の筋の柔軟性が低下して，回復しない例があります．膝靱帯損傷後のハムストリングスや大腿直筋の柔軟性低下が代表的です．関節が硬くなる場合と同様に，この場合も外傷後の固定や圧迫によって生じる皮膚や皮下脂肪，ファシア（fascia）の滑走不全が影響している場合があります．

●関節の歪みが気になる

これはまさにマルアライメントが自覚されている場合といえます．野球選手の肘関節の外反変形，バスケットボールやサッカー選手の膝内反といった静的アライメントの変化は，しばしば選手自身も自覚します．また，膝の外傷後に片脚スクワットをすると，健側に比べて真っ直ぐに曲げられない（外反する）といった動的アライメントの変化が残ることもあります．これらは，外傷の回復過程でマルアライメントが生じた結果として起こります．このような場合，いくらトレーニングしても筋力増強は制限され，また筋力がついたとしてもマルアライメントは解決できません．

競技歴の長いアスリートは，少なからず上記のようなマルアライメントや不安定性の影響を感じ，そしてパフォーマンス低下を自覚するようになります．その後，競技成績が低下し，努力をしても体がいうことをきかないと感じたとき，アスリートは引退を考えることになります．しかし，これらの一部はリアライン・トレーニングによって防ぐことができ，また適切な治療（リアライン・セラピー）によって解決することができます．

本書はこのようなマルアライメントがもたらす身体機能の低下を経験し，その原因を知ること

なく引退に追い込まれる選手の治療経験から生まれました．そして，本書を多くの選手や指導者に読んでいただくことで，より多くの選手に競技生活を全うしていただきたいという思いから，本書の執筆を企画するに至りました．外傷後はもちろん，できれば外傷を経験する前にリアライン・トレーニングを行っていただけることを強く願っています．また，若く，将来有望なアスリートには，現在の好調の陰で徐々に進行していくマルアライメント対策を十分に行っていただきたいと思っています．

3. 謝辞

　本書で紹介するトレーニングは，著者がこれまでの 30 年間に出会ったアスリートやトレーニング指導者，セラピスト，医師などからたくさんの示唆を得て作られ，そしてすべてを投げ打って復帰を目指したアスリートの情熱に支えられて発展してきました．本書は，著者からアスリートへの恩返しの気持ちを込めて執筆しています．競技復帰を目指してリハビリに取り組んでいる選手，後遺症に悩む選手，パフォーマンスの低下を感じ始めた選手，そして将来有望な若手アスリートなど，すべてのアスリートの身体を支える一冊になることを祈念しています．

　最後に，本書の執筆・編集にあたっては講談社サイエンティフィクの國友奈緒美氏に編集上多大なるご尽力をいただきました．また，著者が以前勤務した横浜市スポーツ医科学センター（横浜市）および現在著者とさまざまなテーマの研究を進めている医療法人慧明会貞松病院（大村市）のリハビリテーション科スタッフとその OB 各位，広島国際大学大学院の蒲田研究室 OB・OG各位には，本書の母体となったクリニカルスポーツ理学療法セミナー（CSPT）（主催：株式会社 GLAB）の企画・開催においても多大なる貢献をいただきました．本書の発刊にご協力・ご尽力いただいたすべての方々に感謝します．

2021 年 5 月

蒲田　和芳

序章

リアライン・
トレーニングとは

◆本章ではリアライン・トレーニングの基盤となっている「リアライン・コンセプト」および，リアライン・コンセプトに基づく関節疾患の治療理論である「リアライン・セラピー」について概略を説明した．

◆さらに，「リアライン・トレーニング」の基本概念や実施手順についても，総論的に解説した．

◆上記の総論の理解は，次章以降で部位別に紹介するリアライン・トレーニング法を正しく理解するうえで必須である．

（注）本章は『リアライン・トレーニング＜体幹・股関節編＞』の第1章，第2章のダイジェスト版となっています．

A. リアライン・コンセプト® とは

　著者が提唱する**リアライン・コンセプト**[®1-6]は，関節疾患後のリハビリテーションにおいて，速やかに痛みを消失させ，関節の機能回復を加速させるための治療理論である．リアライン・コンセプトは，関節のマルアライメントが症状改善を妨げているすべての状態（**マルアライメント症候群**）に適用される．これは，全身の関節の治療において共通の設計図として用いられる．

(1) マルアライメント

　マルアライメントとは，骨，関節軟骨，関節円板（または半月板）などが形成する関節面の形状にとって適合性が損なわれた状態である．これは筋，腱，靱帯，関節包といった関節外の軟部組織の緊張のバランスによって中間域における関節運動に異常が生じ，マルアライメントはその異常運動の終着点である最終域において最適な適合性（噛み合わせ）が損なわれた状態と推測される．さらに，マルアライメントの結果としてキネマティクス（関節運動）に異常が生じ，関節周囲の靱帯や関節包，筋・腱などの軟部組織は正常とは異なる負荷パターンにさらされ，それが応力集中をもたらした場合に，痛みや組織損傷の原因となると考えられる．また，関節内の接触部位（コンタクトキネマティクス）の異常が生じると，関節軟骨や半月板の損傷や変性を加速する可能性がある[7,8]．

(2) リアライン・コンセプトにおける評価

　リアライン・コンセプトでは，病態評価（結果因子），マルアライメントの評価，マルアライメントの原因（原因因子）を探索するための機能評価を実施する（図1）．これに対し，症状や発症後に出現した機能低下を，マルアライメントによってもたらされた応力集中の結果生じた病態（結果因子）と捉える．このように，症状や機能の回復を妨げるマルアライメントを認識し，その原因と結果を区別しながら評価を進め，マルアライメントの原因を確実に解決する．

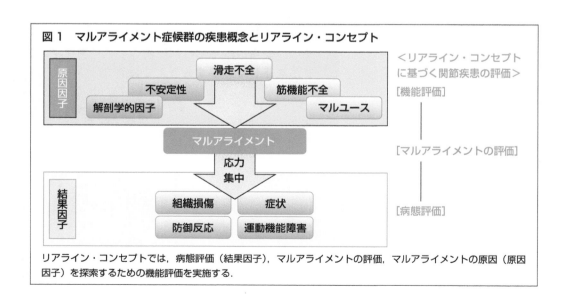

図1　マルアライメント症候群の疾患概念とリアライン・コンセプト

リアライン・コンセプトでは，病態評価（結果因子），マルアライメントの評価，マルアライメントの原因（原因因子）を探索するための機能評価を実施する．

表1 結果因子の例

組織損傷	組織微細損傷，組織断裂 瘢痕化，阻血性壊死 炎症
症状	疼痛 感覚鈍麻，異常感覚
運動機能障害	可動域制限 筋力低下 動作障害
防御反応	筋スパズム

　リアライン・コンセプトの関節疾患モデルにおいて，結果因子はマルアライメントの結果として生じる病態を意味する．結果因子には，「組織損傷」とそれに伴う炎症症状，疼痛や神経学的異常感覚などの「症状」，可動域・筋力・動作障害を含む「運動機能障害」，そして組織損傷に伴う筋スパズムなどの「防御反応」，が含まれる（表1）．結果因子の治療は原則として対症療法であり，マルアライメントを改善することにはつながらない．したがって，結果因子の評価から得られる情報は，治療方針立案のなかで，主にリスク管理と治療効果の判定に用いられる．

B. リアライン®・セラピー

　リアライン®・セラピーは，リアライン・コンセプトに基づく，関節疾患の治療理論である．リアライン・セラピーにおいては，治療をリアライン，スタビライズ，コーディネートの順に進める（図2）．

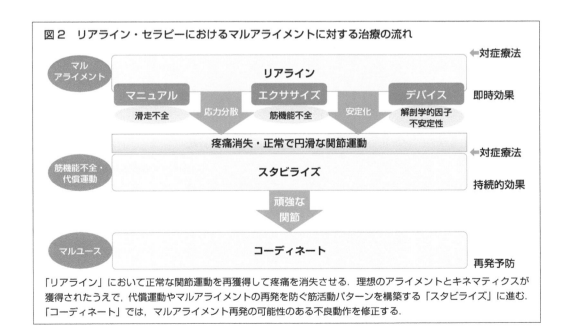

図2　リアライン・セラピーにおけるマルアライメントに対する治療の流れ

「リアライン」において正常な関節運動を再獲得して疼痛を消失させる．理想のアライメントとキネマティクスが獲得されたうえで，代償運動やマルアライメントの再発を防ぐ筋活動パターンを構築する「スタビライズ」に進む．「コーディネート」では，マルアライメント再発の可能性のある不良動作を修正する．

（1）リアライン®（Realign）

　「リアライン」では，マルアライメントそのものの改善とともに，マルアライメントの原因因子を解消することにより持続的なリアライメントを行う．リアラインの手段として，運動療法「リアライン・エクササイズ」，徒手療法「マニュアル・リアライン」，補助具「リアライン・デバイス」が挙げられる．応力集中のメカニズムが解消されることにより，疼痛が減弱または消失し，機能低下の著明な改善が期待される．

　関節疾患の治療において，疼痛を発している組織そのものが原因因子となることは稀であり，推測したメカニズムを検証するため，原則として原因因子が解決されるまでは結果因子（患部）への治療を行わない．ただし，経過が長い症例では，原因因子とマルアライメントが改善して応力集中のメカニズムが解消されたとしても，結果因子そのものの問題によって症状や機能低下が残存する場合がある．この場合は，リアラインの最終段階において，疼痛そのものへの治療を行うことにより疼痛を消失させる．ただし，疼痛が強く，「リアライン」の治療が進められない場合は，最初に対症療法を行う場合もある（図2）．

　個々の関節のリアラインの過程を**ローカル・リアライン**と呼ぶ．これに対し，複数の関節を一括したリアラインの過程を**グローバル・リアライン**と呼ぶ（図3）．下肢において，前者は単関節運動，後者は荷重位での複合関節運動である．下肢関節全体着地時の動的外反を呈する下肢において，すべての下肢関節が動的外反の繰り返しによってマルアライメントまたはキネマティクスの異常を伴っている可能性が高い．これに対し，すべての関節に対してローカル・リアラインを実施した後にグローバル・リアラインを行うのが理想である．

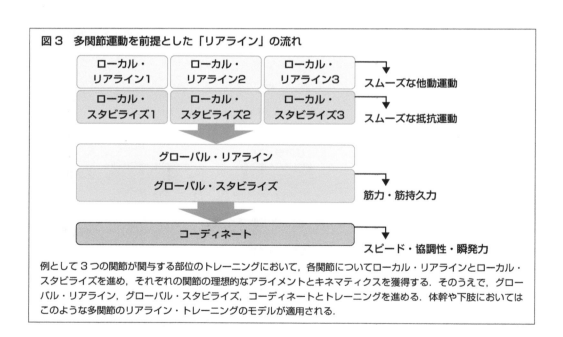

図3　多関節運動を前提とした「リアライン」の流れ

例として3つの関節が関与する部位のトレーニングにおいて，各関節についてローカル・リアラインとローカル・スタビライズを進め，それぞれの関節の理想的なアライメントとキネマティクスを獲得する．そのうえで，グローバル・リアライン，グローバル・スタビライズ，コーディネートとトレーニングを進める．体幹や下肢においてはこのような多関節のリアライン・トレーニングのモデルが適用される．

(2) スタビライズ（Stabilize）

「スタビライズ」は，「リアライン」が完了して疼痛消失後に開始する筋機能向上のトレーニングを指す．リアラインによってマルアライメントの解消によって応力集中のメカニズム解消を確認したうえでトレーニングを開始する．その目的は，望ましいアライメントを維持するための筋活動パターンを強化することである．マルアライメントを持続させるような誤った筋活動パターンを筋と脳に記憶させる危険性があるため，マルアライメントが残った状況でスタビライズ・トレーニングを実施してはいけない．

スタビライズは原則として単関節から複合関節へと進めるのが望ましい．スタビライズのトレーニングは，①個々の関節において筋機能により良好なアライメントを保つことを目的とした**ローカル・スタビライズ**，②下肢全体のように複合関節の良好なアライメントの習得を目的とする**グローバル・スタビライズ**，の2段階によって進められる（図3）．

(3) コーディネート（Coordinate）

「コーディネート」はマルアライメントの再発を予防するための動作学習を指す．良好なアライメントと疼痛消失の状態が数週間にわたって持続するようになると，本格的なスポーツ復帰・社会生活への復帰を目指す．その際，スポーツ動作を含む全身運動においてマルアライメント再発の原因となる動作の修正を行う．「瞬発力」や「スピード」を追求するトレーニングは，コーディネートが進み，全身運動におけるマルアライメントの制御が確実に行えるレベルに到達してから実施されることが望ましい．

C. リアライン® ・トレーニング

リアライン® ・トレーニングは，関節マルアライメントの修正により理想に近い関節を獲得すること，そしてその結果として関節が最高のパフォーマンスを発揮できる状態を持続するためのトレーニング法である．このトレーニング理論は，関節に異常をきたしたアスリートのリハビリテーションから誕生した．リアライン・トレーニングは，リハビリテーションの過程を確実に前進させる治療理論である**リアライン・コンセプト®**が基盤となっている．

リアライン・セラピーと同様に，トレーニングにおいても関節のマルアライメントを放置せず，それに真正面から取り組むことを重視する．このような関節マルアライメントの修正をターゲットとしたトレーニングは，既存のトレーニング理論にはほとんど含まれていない．

(1) リアライン・トレーニングの進め方

リアライン・トレーニングの基本的な進め方（図4）は，リアライン・セラピーの治療の進め方（図2，図3）とほぼ同一である．まず，**リアライン・フェイズ**においてアライメントと関節運動を正常化，関節運動の最終域の理想的な適合性を獲得する．**スタビライズ・フェイズ**は，関節運動の最終域におけるアライメントの正常化と関節運動の正常化が得られてから開始し，良好な関節運動とアライメントを強固に保持できる筋力および筋活動パターンを獲得する．最後の**コーディネート・フェイズ**では，スポーツ動作を含む全身運動においてマルアライメント再発の原因となる動作の修正を行う．

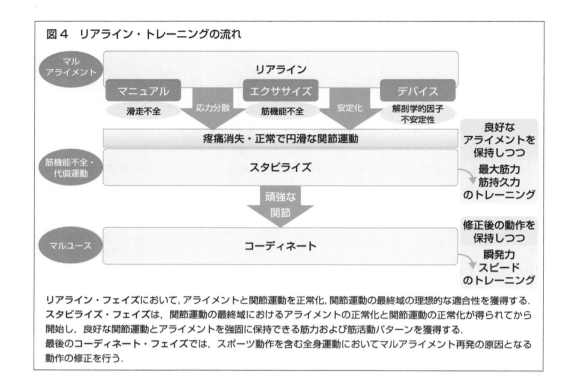

図4 リアライン・トレーニングの流れ

リアライン・フェイズにおいて，アライメントと関節運動を正常化，関節運動の最終域の理想的な適合性を獲得する．
スタビライズ・フェイズは，関節運動の最終域におけるアライメントの正常化と関節運動の正常化が得られてから
開始し，良好な関節運動とアライメントを強固に保持できる筋力および筋活動パターンを獲得する．
最後のコーディネート・フェイズでは，スポーツ動作を含む全身運動においてマルアライメント再発の原因となる
動作の修正を行う．

(2) 各種トレーニングとの関連

「最大筋力」や「筋持久力」向上を目的としたトレーニングは，スタビライズによって強い負荷に対しても正常な関節運動を保つことができるレベルに到達してから開始するのが望ましい．高負荷のトレーニングにおける代償運動や異常なキネマティクスの反復を確実に防がなければならない．「瞬発力」や「スピード」のトレーニングは，コーディネートを進め，全身運動におけるマルアライメントの制御が確実に行えるレベルに到達してから実施することが望ましい．

(3) リアライン・トレーニングの適応と対象

リアライン・トレーニングは，成長期アスリート，成人アスリート，中高年スポーツ愛好家などを含み，いわゆる健常者全体を対象とする（表2）．さらに，外傷のリハビリテーション後期，スポーツ休止後の再開時，健康増進のための運動を開始するときなど，医療機関から離れて運動を再開する場面において重要な役割を果たす．関節を適切な状態に保つことは，さまざまなスポーツやトレーニングを進めるうえでのリスク管理であるとともに，パフォーマンスおよび運動機能向上を支える基盤となる．

【まとめ】

本章ではリアライン・トレーニングの基本的な考え方について解説した．リアライン・トレーニングは，関節のマルアライメントを放置せず，それに真正面から取り組むことを重視する．このような関節マルアライメントの修正をターゲットとしたトレーニングは，既存のトレーニング理論にはほとんど含まれていない．本章に記載した総論の理解は，次章以降で部位別に紹介するリアライン・トレーニング法を正しく理解するうえで必須である．

表 2　年代別リアライン・トレーニングの意義と実施方針

年　代	意　　義	実施方針
成長期	・発育期におけるマルアライメント形成の予防 ・正常アライメントに基づく筋力獲得および神経筋機能の発達	・正常な神経筋協調性の発達 ・筋の正常な伸張性の維持 ・皮下脂肪・皮膚の正常な滑走性の維持
成人	・マルアライメントを身体機能発達の制限因子と捉え，その制限因子を除外する ・急性外傷，慢性外傷，局所的疲労の予防，疲労回復の促進 ・リハビリテーションの加速	・滑走不全対策を十分に行ってリアラインを進める ・マルアライメントを固定化する筋活動パターンをいったんリセットする ・リアライン・トレーニングに十分な期間を確保する
中高年者	・マルアライメントに関節軟骨の変性，滑膜炎，骨棘形成などが加わる ・滑走不全がより強固に関節運動を阻害する ・関節可動域制限を伴う場合がある	・滑走不全対策をさらに十分行ってリアラインを進める ・マルアライメントを固定化する筋活動パターンをいったんリセットする ・非荷重位でのリアラインを十分に行う

［文献］

1) 蒲田和芳：リアライン：体の歪みをなおす運動療法：第1回：骨盤と胸郭の歪みを整えて腰痛を解消する運動療法：ATM2. からだサイエンス, 85：7-13, 2009.
2) 蒲田和芳：リアライン：体の歪みをなおす運動療法：第2回：足部の歪みを整える運動とリアライン・インソール. からだサイエンス, 86：7-13, 2009.
3) 蒲田和芳：リアライン：体の歪みをなおす運動療法：第3回：足関節の安定性を高めるための運動療法：足関節のリアラインとバランスシューズ. からだサイエンス, 87：8-14, 2009.
4) 蒲田和芳：リアライン：体の歪みをなおす運動療法：第4回：骨盤の歪みを整える運動療法：PelCon. からだサイエンス, 88：12-8, 2009.
5) 蒲田和芳：リアライン：体の歪みをなおす運動療法：第5回：腰痛治療における胸郭リアライメント：ThoraCon. からだサイエンス, 89：8-14, 2009.
6) 蒲田和芳：リアライン：体の歪みをなおす運動療法：第6回：膝関節の捻れを整える運動療法：変形性膝関節症に対するRRRプログラム. からだサイエンス, 90：8-14, 2010.
7) 蒲田和芳；生田太；米田佳；花田謙司；吉田大佑；宮路剛史：変形性膝関節症に対するリアライン・プログラムの有効性と限界. 臨床スポーツ医学, 28(6)：617-23, 2011.
8) 蒲田和芳；米田佳；生田太；宮路剛史：変形性膝関節症に関する臨床研究の成果と今後の課題. 理学療法, 27(7)：859-69, 2010.

第 **1** 章

膝関節

◆膝関節は脛骨大腿（FT）関節と膝蓋大腿（PF）関節から構成され，さらに FT 関節には内側および外側コンパートメントという 2 つの荷重領域がある．膝関節のマルアライメントはこれら 3 つの荷重領域への応力に異常をもたらすとともに，関節周囲の軟部組織へのストレスを増大させる．

◆膝関節のリアライン・トレーニングでは，リアラインによって FT 関節と PF 関節のアライメントと他動運動（キネマティクス）をできる限り修正して理想の運動を獲得し，スタビライズによって理想運動を持続できるような筋活動パターンを学習する．そして，最後のコーディネートでは，マルアライメントの再発を防ぐため，望ましい動的アライメントでのスポーツ動作の獲得を目指す．

1.1 背景

A. 膝関節の機能的特徴と構造

(1) 機能的特徴

　膝関節は下肢の中央部に位置し，長いレバーアームがもたらす大きなモーメントにさらされるとともに，そのコントロールのためには強大な筋力発揮が求められる．また，立位における膝完全伸展位からしゃがみ込みや正座まで，150°以上の伸展・屈曲可動域が求められる．また，ジャンプや着地といった運動時に必要な内部膝伸展モーメントを増大させるため，人体で最大の種子骨である膝蓋骨，そして膝蓋骨を中心とした膝伸展機構が発達している[6]．膝関節の3次元的なアライメント変化は，膝蓋腱張力／大腿四頭筋腱張力比を変化させる[19]．これはすなわち，膝蓋大腿関節が単純な滑車ではなく，力を吸収する機構であり，またその結果損傷が起こりやすい関節であることを意味している．

(2) 構造

　膝関節は脛骨大腿（FT）関節と膝蓋大腿（PF）関節から構成され，さらにFT関節には内側および外側コンパートメントという2つの荷重領域がある（図1.1）．PF関節の関節軟骨は人体で最も厚く，この関節に加わる強い圧縮ストレスを緩和する役割を果たしている[6]．FT関節では，硝子軟骨からなる関節軟骨に加え，線維軟骨からなる半月板が衝撃の吸収や分散を担っている．FT関節の安定性は内側側副靱帯（MCL），外側側副靱帯（LCL），前十字靱帯（ACL），後十字靱帯（PCL）などの靱帯，半月板，および関節包が担い，さらに関節周囲の筋・腱が動的安定性に関与している．

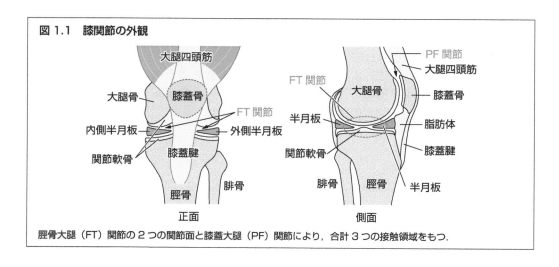

図 1.1　膝関節の外観

脛骨大腿（FT）関節の2つの関節面と膝蓋大腿（PF）関節により，合計3つの接触領域をもつ．

B. 膝関節の外傷とマルアライメント

(1) 代表的な外傷

膝関節における代表的な急性外傷として ACL 損傷や MCL 損傷が挙げられる．これらは，膝関節に加わる外力（または外部モーメント）や剪断力が靱帯の破断強度を超えることで発生する．代表的な受傷機転として，ラグビーにおける下肢外側へのタックルによる MCL 損傷，器械体操の着地時の膝過伸展強制，あるいは着地やカッティング動作における非接触型の ACL 損傷などが挙げられる．いずれも潜在的なマルアライメントの有無にかかわらず受傷する．

一方，膝関節における関節外の軟部組織に発症する慢性外傷の例としては，鵞足炎，腸脛靱帯炎，膝蓋腱症，膝窩筋腱症などが挙げられる．これらは，正常とは異なる応力集中のメカニズムによって発症に至ると考えられ，その治療法の確立のためにはそれぞれのメカニズム解明が必要である．さらに，慢性または急性のメカニズムにより，膝関節内の半月板や関節軟骨，そしてFT 関節の前面の膝蓋下脂肪体などの損傷がしばしば発生する．

(2) 代表的なマルアライメントのパターン

膝関節のマルアライメントは，上記のような既往歴の有無にかかわらず高頻度に存在する．代表的なマルアライメントのパターンとして，大腿骨に対する下腿の外旋および外方偏位が挙げられる[22]．さらに，下腿外旋アライメントは脛骨粗面を外方に偏位させ，Q-angle の増大を招き，膝蓋骨の外方偏位を助長させる（図 1.2）[14]．これは，脛骨高原という比較的平坦な関節面の上で大腿骨が回旋または並進することが原因と考えられ，遺伝によって決定される脛骨隆起など骨の形態に加え，後天的に日常の姿勢や動作習慣（図 1.3）によって助長されるものと推測される．

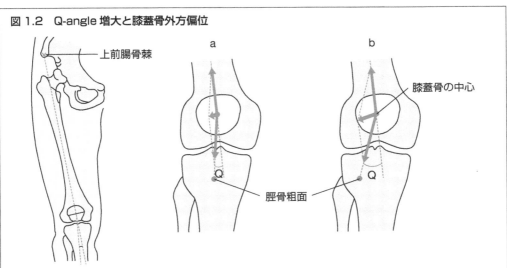

図 1.2　Q-angle 増大と膝蓋骨外方偏位

上前腸骨棘

膝蓋骨の中心

脛骨粗面

a）と比較してb）では脛骨粗面が外側に位置しており，Q-angle（Q）が大きい．これにより，大腿四頭筋による上向きのベクトルと，脛骨粗面に向かう下向きのベクトルの合力が大きくなる．すなわち，脛骨粗面が外側に位置するほど，膝蓋骨を外方に偏位させようとする力が大きい．

図 1.3　マルアライメントを助長する動作習慣の例

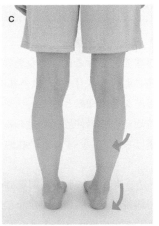

a）ぺちゃんこ座りと下腿外旋
b）着地時の膝外反と下腿外旋
c）後足部回外の習慣化と下腿外旋アライメント

　　回旋マルアライメントをもたらす代表的な姿勢として，特に女子に多く見られるとんび座り（ぺちゃんこ座り）が挙げられる．また，動作パターンとしては，乳児の這い這い（特に滑り台の斜面を上る際）や膝を内側に接近させるような膝外反を伴うスクワット動作などが挙げられる．足関節捻挫など下肢外傷後の跛行が下腿の外旋を増強させる場合もある．

（3）下腿外旋症候群

　　膝関節のマルアライメントは，関節周囲の軟部組織への応力集中，FT 関節内の接触領域の変化と応力集中，PF 関節内の摩擦の増加と大腿四頭筋筋力発揮の抑制などを招き，炎症や疼痛などの諸症状，防御反応としての筋スパズム，筋力低下や可動域制限といった機能障害，ランニングやジャンプなどの運動能力障害などを招き，長期的には変形性膝関節症の進行を加速する可能性がある．このため，マルアライメントの改善は，これら膝関節周囲の諸問題を解決し，効果的にトレーニング効果を得るうえで不可欠な要素であるといえる．筆者はこのような状態を**下腿外旋症候群**[26]と呼び，下腿外旋アライメントの修正こそが症状と機能の回復を促す最重要課題であることを主張してきた．この点を踏まえて，本章では，膝関節周囲におけるさまざまな不調や疾患からの回復過程を促すためのリアライン・トレーニングを紹介する．

1.2　膝関節の不調とマルアライメント

　　膝関節の不調は，受傷機転が明確な急性外傷と徐々に症状が強くなる慢性外傷（オーバーユー

表 1.1　アスリートが訴える膝の不調とそれに関連する関節の異常

不調	関節の異常	対策の例
(1)　膝が伸びきらない 　　　膝を伸ばして荷重すると痛い	膝伸展制限 伸展時の過大な下腿外旋	膝窩部などのリリース 膝蓋下脂肪体周囲のリリース
(2)　膝が曲がらない 　　　深くしゃがむと痛い	膝屈曲制限 膝屈曲時の下腿外旋	膝屈曲可動域拡大 膝窩部・膝蓋骨外方の軟部組織のリリース
(3)　スクワット時の脱力感や痛み	膝屈曲時の下腿外旋	膝窩部・膝蓋骨方の軟部組織のリリース
(4)　膝周囲の痛み	腸脛靱帯炎, 鵞足炎, 内側側副靱帯炎, 膝蓋靱帯炎（ジャンパー膝）など	マルアライメントの改善 患部の滑走不全の改善
(5)　腓骨頭付近のロッキング現象	下腿外旋位, 腓腹筋外側頭, 膝窩筋 などの滑走不全	マルアライメント改善 腓腹筋リリース
(6)　外傷後・術後の大腿四頭筋筋 　　　力の回復が遅い	膝蓋下脂肪体拘縮 膝蓋骨低位 下腿外旋位	マルアライメントの改善 膝蓋下脂肪体周囲のリリース 大腿四頭筋強化

ス）とに分けられる．発症メカニズムは異なっても，外傷からの機能回復および競技復帰が遅れる原因として膝関節のマルアライメントが関与する例が多い．発症前または受傷前からマルアライメントが存在する場合と，可動域制限の回復過程でマルアライメントが増強する場合とがある．いずれにしても，微細なマルアライメントの存在により，応力集中のメカニズムが継続し，疼痛の消失が遅れ，トレーニングを十分に行えない状態が続く可能性がある．

　マルアライメントを有する膝関節の治療において，疼痛減弱を目的とした対症療法や半月板部分切除術のような手術療法は「結果因子」に対する治療であり，メカニズムに対する治療ではないことに留意すべきである．メカニズムが解消されない限り，受傷前のスポーツ活動に復帰した後の運動負荷により症状が再燃・再発する可能性は高い．そして，症状が慢性化してトレーニングや練習に参加できない状態が長期間続き，引退に追い込まれるアスリートは少なくない．このような顛末を防ぐため，まずは競技復帰を遅らせる症状のうち，マルアライメントと関連の深い症状を共有したい（表1.1）．

(1) 膝が伸びきらない

　外傷後あるいは術後の保護期間において，膝関節には可動域制限が生じやすい．そして，伸展制限を残したままで競技復帰するアスリートは多い．わずかであっても，膝伸展制限は機能的脚長差と左右の荷重量の不均衡を招き，その結果，歩行やランニングの動作を変化させる．スポーツ活動中の衝撃吸収メカニズムに異常をきたし，種々の部位の疼痛の誘因となることは容易に想像される．膝伸展制限の結果として，膝窩部や膝前面（膝蓋下脂肪体周囲）の疼痛，大腿四頭筋の筋力回復不良，ランニング動作における下肢の振り出しの制限，そして骨盤へのストレスによる腰痛・仙腸関節痛などが想定される．つまり，わずかな伸展制限を解消せずに競技復帰することにより，アスリートは種々の二次的な問題に長期間悩み続けることになる．

　膝伸展の代表的な制限因子として，膝窩部の癒着[12]（特に膝関節関節包と腓腹筋外側頭・内側頭, 大腿二頭筋腱との癒着）や膝蓋下脂肪体拘縮[18, 21]（膝蓋下脂肪体の可動性低下）が挙げられる．

これらの制限因子には膝を伸展するたびに異常な力が加わることとなり，慢性的な炎症や疼痛に至る．また，後外側に後内側よりも強い滑走不全が生じやすいため，伸展制限のある膝を他動的に伸展強制すると，最終伸展域で過剰な外旋が引き起こされる[26]．これにより，PF関節面や半月板や関節軟骨に対する荷重領域を変化させる可能性もある．さらに，膝伸展制限によって内側広筋の機能改善が阻害され，PF関節の運動にも悪影響を及ぼす可能性がある[23,25]．つまり，膝伸展制限は，単に矢状面における伸展角度の問題ではなく，水平面や前額面も含めた膝のアライメント，キネマティクス（動き），コンタクトキネマティクス（接触領域）に3次元的な異常をもたらす．

(2) 膝が曲がらない

フルスクワットや正座ができないといった膝関節のわずかな屈曲可動域制限は，膝関節の外傷後または術後にしばしば起こる．スポーツ中の深い膝屈曲における痛みや制限とともに，ランニングの遊脚期における巻き込みが不十分となるなどスポーツパフォーマンスへの影響も大きい．また，屈曲可動域の限界よりもかなり浅い屈曲角度において違和感や脱力感，筋機能低下を伴う場合も多い．その結果，競技復帰後に十分なトレーニングをしても筋力の回復が不十分なままで競技生活を続けることになってしまう．

屈曲制限を伴う膝の多くは，伸展制限と同様に単に矢状面上の屈曲可動域に制限があるだけでなく，可動域の限界に向かって膝蓋骨外方偏位や下腿外旋といったマルアライメント，そしてFT関節とPF関節のコンタクトキネマティクスの変化が生じている．その状態で競技に復帰し，屈曲可動域の限界近くの運動を繰り返すことにより，関節軟骨や半月板に異常なストレスを加える危険性が高い．外傷後や術後などでわずかな屈曲制限が残存したとしても，競技復帰前には下腿外旋と膝蓋骨外方偏位を改善しておかなければならない．

(3) スクワット時の脱力感や痛み

片脚スクワットや階段昇降など，片脚での膝屈曲位での荷重運動において，膝に脱力感と痛みが生じる場合がある．スクワットなど荷重位でのトレーニングに支障をきたすため，患側下肢の筋力低下がほぼ必発し，下肢全体の機能低下が進行することになる．その結果，健側への依存度が増して健側に新たな疾患が発症したり，骨盤や腰部に問題を生じたりする危険性が高くなる．

スクワット中の脱力感には，膝屈曲に伴う膝蓋骨の外方偏位[15]（またはPF関節外側面に対する強い圧）が関与している可能性がある．その可動域の限界付近での動作の繰り返しは，PF関節の外側関節面や内側膝蓋大腿靱帯，さらにはFT関節の半月板などに過大なストレスを与えると推測される．加えて，これに膝蓋下脂肪体拘縮に伴う膝蓋骨低位と可動性低下が合併すると，脂肪体の疼痛を含めてさらに複雑で頑固な症状を招く場合がある．

(4) 腸脛靱帯炎，鵞足炎，内側側副靱帯炎，膝蓋靱帯炎（ジャンパー膝）

通常の練習や試合出場あるいは膝外傷後のリハビリテーションの過程で，膝関節周囲の筋，腱，靱帯などの軟部組織に痛みが生じる場合が多く，さらに長期間，症状が残存する場合がある．ランニングで疼痛が発生するとスポーツ活動全般に影響を及ぼし，練習参加や試合出場にも影響を及ぼすことがある．

これらの関節外軟部組織の痛みには，下腿外旋・外方偏位，膝蓋骨外方偏位などのマルアライ

メントが関与している場合が多い．さらには慢性的な炎症により周囲組織との癒着や滑走不全をきたし，症状がより頑固となる例もある．したがって，これらの治療としては，まず理想的なアライメントを獲得して関節周囲へのストレス集中を解消し，そのうえで結果因子に対する治療として疼痛をきたす組織周辺の滑走不全の解消を意図した治療を進めることが望まれる．

(5) 腓骨頭付近の痛み，ロッキング現象

膝外傷の既往歴の有無にかかわらず，腓骨頭周辺に違和感，痛み，またはロッキング様の急な可動域制限が生じることがある．まれに MRI や関節鏡手術において半月板損傷が認められないロッキング現象もある．その原因として膝窩筋などの滑走不全が疑われる．

腓骨周辺は，背臥位や側臥位での睡眠などにおいて慢性的な圧迫にさらされ，腓骨筋と下腿三頭筋との滑走不全が好発する．さらに，関節包と LCL，大腿二頭筋，腓腹筋外側頭，膝窩筋など関節外の組織との滑走不全が膝外側コンパートメントの拘縮を引き起こす．ロッキング現象の原因は明確には解明されていないが，膝窩筋腱の関与を指摘したケースレポートが存在する[11]．これらの腓骨頭周辺の組織間の滑走性の改善がロッキング現象の消失をもたらすことが多いことから，これらの組織間の滑走不全が一時的な伸展制限を招くと推測される．

(6) 外傷後・術後の大腿四頭筋筋力の回復遅延

膝外傷後や膝周辺の手術後のリハビリテーションにおいて，関節可動域は完全に回復したにもかかわらず，大腿四頭筋筋力の回復が遅れる例は多い．その多くは，大腿四頭筋セッティングやスクワットを含めて大腿四頭筋筋力発揮時の疼痛により，筋力発揮そのものが抑制されている．

膝伸展機構の一部において可動性低下があると大腿四頭筋筋力は十分に発揮されない．その可動性低下をもたらす原因として，膝蓋下脂肪体拘縮と膝蓋上嚢拘縮が挙げられる．いずれも，外傷後に膝軽度屈曲位で安静を保つ際に，大腿骨に対して膝蓋骨が下制した状態を保つことにより，膝蓋骨の挙上運動が中断されることに起因する．しかも，これらが一度発生すると運動療法のみでは解決困難である．したがって，膝蓋骨挙上制限を予防するには，外傷後・術後の早期からの大腿四頭筋セッティングにより，膝蓋骨挙上の可動性を失わないようにすることが重要である．

以上のように，膝関節に長期間残存する諸問題の原因として，組織の癒着や可動性低下によってもたらされる関節可動域制限やマルアライメントの関与が大きい．しかも，可動性低下は運動療法のみでは完全に解消されないことが多く[1]，組織間の滑走性を改善させるための徒手的治療が必要となる[27]．一方，可動性低下の予防には，外傷後・術後の早期からの膝完全伸展位での大腿四頭筋セッティング，十分な屈曲可動域の獲得を急ぐ必要がある．可動性低下やマルアライメント，そして疼痛などの結果因子が残存した状態において，筋力強化や荷重位での運動などによる膝関節への負荷増大を回避し，アライメントとキネマティクスの改善，そして他動運動時の疼痛解消を先行させなければならない．

1.3 スポーツパフォーマンス向上に必要な膝関節機能

スポーツ活動において下肢が十分に機能するには，膝関節の十分なパフォーマンスが不可欠である．その前提として，「良好なアライメント」，「良好なキネマティクス（動き）」，「正常な可動域」，「十分な筋機能」，「疼痛などの症状がないこと」，が必要である．それぞれの要素を正常に保つため，あるいは外傷後に正常な状態に回復させるために必要な知識を整理する．

A. 膝関節アライメント

(1) アライメントの評価
膝関節のアライメントは原則として膝伸展位での立位における配列によって評価される．FT関節とPF関節それぞれにおいて，矢状面，前額面，水平面に分けて観察することにより3次元的にアライメントを把握する（図1.4）．

①矢状面：矢状面では，FT関節の伸展可動域，脛骨の前後の位置，膝蓋骨の上下の位置，膝蓋骨の矢状面傾斜を観察する．図1.4aの右膝は，わずかにFT関節伸展制限，脛骨後方偏位，膝蓋骨低位・前傾を呈している．

②前額面：前額面では，FT関節の内・外反および膝蓋骨の外方偏位と前額面回旋を観察する．図1.4bの膝はFT関節内反，膝蓋骨外方偏位を呈している．

③水平面：水平面では，FT関節の内・外旋，膝蓋骨の内・外側偏位と内・外方傾斜を観察する．図1.4cの膝は，脛骨外旋，膝蓋骨外方偏位・外方傾斜を呈している．

図1.4　膝関節のアライメントを3面から観察

  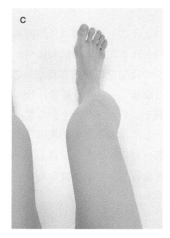

a) 矢状面：膝の伸展制限，脛骨後方偏位，膝蓋骨低位など
b) 前額面：内反，膝蓋骨外方偏位など
c) 水平面：下腿外旋，膝蓋骨外方偏位・外旋など

---

(2) マルアライメントの原因

　上記のうち矢状面と水平面のマルアライメントは，原則として拘縮（軟部組織の滑走不全），不安定性，隣接関節からの運動連鎖の組み合わせによって形成される．膝伸展制限，脛骨後方偏位，膝蓋骨低位は，膝窩部および膝蓋下脂肪体，膝蓋上嚢の滑走不全や癒着が原因である場合が多い．下腿外旋，外方偏位，膝蓋骨外方偏位の主な原因は，膝外側コンパートメント周囲の軟部組織の滑走不全である．屍体膝において，下腿外旋が膝蓋骨外方偏位を誘導することが証明された[10]．運動連鎖に関しては，荷重位における股関節内旋は，膝蓋骨外方偏位の直接的な原因となることが荷重位 MRI により証明された[20]．膝蓋骨外方傾斜は，上記に加えて内側膝蓋大腿靱帯損傷が合併することにより起こる[4]．

●下腿外旋

　下腿外旋には，後外側構成体（PLC）損傷による後外方不安定性[7]，あるいは後斜靱帯（POL）損傷による前内方不安定性[9]が関与する場合がある（図 1.5）．さらに，膝関節の伸展制限の原因である後方関節包周囲の癒着が内側よりも外側が強い場合，膝伸展に伴い下腿外旋が増強する．

●内反膝

　一方，膝の内反については内側コンパートメントの半月板逸脱や関節軟骨損傷が主原因と考えられがちだが，内反膝においては外側コンパートメントの離開（リフトオフ）を伴う（図 1.6）．現時点でその詳細は不明ではあるが，離開が起こることは内側コンパートメントに荷重が集中している可能性が高く，変形性膝関節症（膝 OA）の一因である可能性が高い．

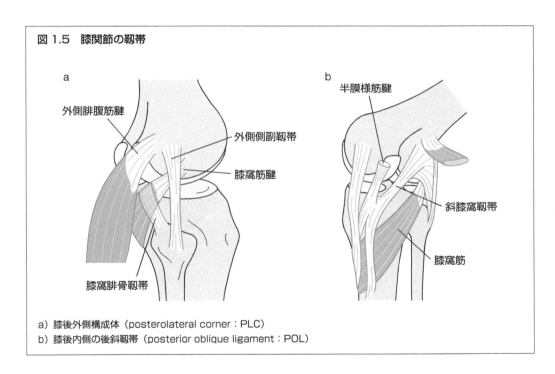

図 1.5　膝関節の靱帯

a
外側腓腹筋腱
外側側副靱帯
膝窩筋腱
膝窩腓骨靱帯

b
半膜様筋腱
斜膝窩靱帯
膝窩筋

a）膝後外側構成体（posterolateral corner：PLC）
b）膝後内側の後斜靱帯（posterior oblique ligament：POL）

図 1.6　内反膝に認められる大腿骨外顆のリフトオフ

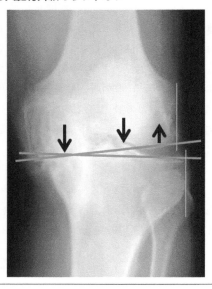

（3）良好なアライメントの重要性

　前述のようなマルアライメントは関節周囲および関節内の組織に過大なストレス集中を招く可能性が高い．特に関節面における接触領域（荷重点）の変化は半月板や関節軟骨の変性や破壊を加速させ，不可逆的な変化を招く可能性がある（図 1.7）．さらには，マルアライメントは膝周囲の筋活動を抑制し，膝機能の低下をもたらす可能性がある．これに対して，良好なアライメントの獲得は，関節周囲の軟部組織へのストレス軽減に，そして関節内の接触領域の最適化や筋活動の正常化に必須であると考えられる．

図 1.7　14 歳女子バスケットボール選手における近接領域の偏り

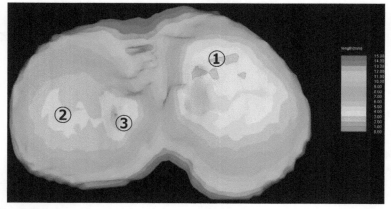

脛骨内側顆の接触領域が前方に偏っている（①）．一方，外側顆の接触領域が消失し（②），脛骨隆起外側（③）に最接近部位が認められる．

保存療法やトレーニングにより不安定性を改善することはできないが，**組織間の滑走性を改善することにより，マルアライメントの改善は十分に可能である**．理想的な膝関節アライメントは，後述する正常な膝関節キネマティクスの前提となる重要な要素であり，外傷後・術後は正常な伸展位アライメント獲得を最優先課題と位置づけなければならない．

B. 膝関節キネマティクス

(1) キネマティクスとは
　キネマティクスとは力の要素を除外した動き（運動）の特性であり，その運動は6自由度で表現される．6自由度は，前後軸に対する並進（前後移動）と回転（内外反），左右軸に対する並進（内外偏位）と回転（屈曲伸展），上下軸に対する並進（上下偏位）と回転（内外旋）から構成される[8]．すべての自由度を同時に比較することは容易ではないが，横軸に膝の屈曲・伸展角度を示し，縦軸に内外旋やその他の自由度を割り当てたグラフにより視覚化できる（図1.8）[22]．

(2) 異常キネマティクス
　大腿骨に対する下腿外旋は膝疾患の有無にかかわらず多数の膝において観察される[26]．この下腿外旋位は変形性膝関節症（膝OA）の危険因子である可能性がある[22]．図1.8は膝OAと健常膝のキネマティクスを比較したグラフであり，膝OAは全屈曲可動域にわたって下腿外旋位であること，そして膝伸展域において下腿の外方偏位であることが観察される[22]．下腿外旋と下腿外方偏位はいずれも脛骨高原上（すなわち水平面）のマルアライメントであり，脛骨高原に平行な大腿骨の位置異常と捉えられる．膝伸展位において下腿外旋アライメントを呈する膝は，しば

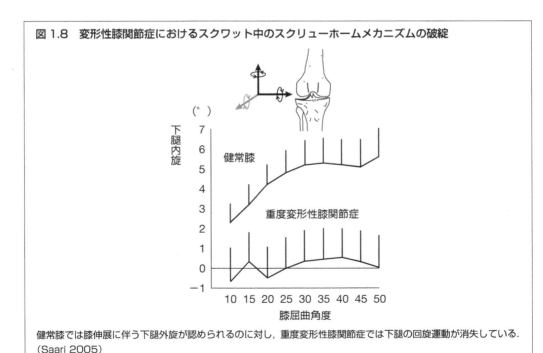

図1.8　変形性膝関節症におけるスクワット中のスクリューホームメカニズムの破綻

健常膝では膝伸展に伴う下腿外旋が認められるのに対し，重度変形性膝関節症では下腿の回旋運動が消失している．
(Saari 2005)

図 1.9 若年者における内反膝に特徴的なアライメント

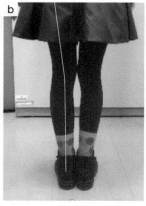

膝伸展位において下腿外旋アライメントを呈する膝は，しばしば膝屈曲に伴う下腿内旋不足が観察される．その結果，膝伸展位では内反位にあり（a），膝伸展位からのわずかな膝屈曲において両膝が外反する（b）．

しば膝屈曲に伴う下腿内旋不足が観察される．その結果，膝伸展位では内反位にあり，膝伸展位からのわずかな膝屈曲において両膝が外反する[16]（図 1.9）．このような下腿外旋位での屈伸運動において脛骨と膝蓋骨は大腿骨に対してともに外方偏位を強める[16]．このため，下腿外旋アライメントは，FT 関節と PF 関節の両方の接触領域に異常をもたらし，その異常運動を制動する軟部組織への張力や，関節軟骨に加わる圧や剪断力が過大となる可能性がある．

（3）キネマティクスの正常化

図 1.8 において，健常膝は膝屈曲に伴う下腿内旋，膝伸展に伴う下腿外旋を行うことが読み取れる．この運動はスクリューホームメカニズム（SHM）と呼ばれる[3]．上述した異常な下腿外旋キネマティクスに対し，膝屈曲に伴う下腿内旋可動域の拡大により，異常なキネマティクスを正常に近づけられると推測される[28]．キネマティクスの正常化のためには，正常な下腿内旋に抵抗する軟部組織の滑走性改善とともに，十分な内旋筋（内側ハムストリングス）の活動が必要となる[2]．屈曲に伴う十分な下腿内旋の獲得により，脛骨粗面は内側に移動し，PF 関節の適合性の改善をもたらす．これは，後述する膝周囲筋の機能向上に対しても重要な要素になる．

C. 軟部組織の滑走性と正常可動域

（1）可動域制限の原因

膝関節の可動域制限の最も大きな原因として，その周囲の軟部組織の滑走不全が挙げられる．側臥位や椅子坐位などの日常生活において慢性的に圧迫にさらされた軟部組織は互いに滑走性を失い，正常な関節運動を阻害するようになると推測される．さらに，外傷後の組織の治癒過程，外傷後の運動休止，受験期の長時間坐位，急激な筋肥大や皮下脂肪増加などは組織間の滑走性低下の主要な原因と考えられる．滑走不全は筋間，筋と皮下脂肪間，筋と骨膜間，筋と関節包間などあらゆる組織間に生じ，結果として筋の伸張性低下および軟部組織の緊張亢進を招く．これらは容易に膝関節の可動域を制限し，スポーツ活動のパフォーマンス低下を招く．

図 1.10　膝完全伸展位での大腿四頭筋セッティング

膝完全伸展位での大腿四頭筋セッティングにより，膝蓋骨は最大挙上位に到達する．これを術後または受傷後できるだけ早い段階で開始することにより，膝蓋下脂肪体拘縮，膝蓋上嚢拘縮，膝窩部拘縮などによる膝伸展制限や膝蓋骨低位を予防する．

(2) 外傷や術後に生じる可動域制限

　外傷や術後の腫脹と膝軽度屈曲位での安静は，容易に膝窩部の癒着，膝蓋下脂肪体拘縮，膝蓋上嚢の癒着を招く[18, 21]．これらは恒久的な可動域制限の原因となりうるため，最大限予防に努めなければならない．超早期からの膝完全伸展位での大腿四頭筋セッティングにより，FT 関節の完全伸展と膝蓋骨の完全な挙上位を保つことが重要である[24]（図 1.10）．

(3) リリーステクニックの効果

　軟部組織間の滑走不全は，いったん形成されると，トレーニングやストレッチなどの運動療法ではほとんど改善されない[1]．すなわち，静的ストレッチなどの効果が得られにくくなり，元通りの柔軟性の再獲得は困難となる．この影響は加齢とともに著明となり，ほぼ不可逆的な柔軟性低下と捉えられる場合が多い．これらに対して，組織間の滑走性を改善するリリーステクニックが一定の効果を発揮する．

D. 十分な筋機能 （筋力）

　膝関節の筋力は，あらゆる荷重位での運動において重要であり，またスポーツパフォーマンスを決定づける．しかしながら，膝関節のマルアライメント，異常キネマティクス，可動域制限などは筋力発揮を抑制し，筋力回復を阻害する可能性がある[25]．筋力発揮の抑制とは，神経生理学的に筋活動が抑制されることや，筋膜の滑走不全により筋の伸縮が制限されること，などが含まれる．つまり，最大筋力の発揮を得るには，正常な関節運動と筋の伸縮性の両面をあらかじめ回復させておくことが必須である．

　正常な大腿四頭筋筋力の発揮には，正常な膝伸展可動域，正常な回旋アライメント，膝蓋骨の上・下方への可動性[17]，膝蓋下脂肪体拘縮や膝蓋上嚢の癒着がないこと，大腿四頭筋間の滑走性が保たれていること，腸脛靱帯の前方への滑走性，大腿二頭筋腱や腓骨筋周囲の十分な滑走性な

どが条件となる．大腿四頭筋機能に問題が生じた場合は，これらの要因を確実に解決していくことが結果として筋力回復の近道になる．

　ハムストリングス筋力の発揮には，正常なハムストリングス筋間および隣接する筋群との滑走性が得られていること，膝窩部における膝関節後面の関節包や隣接する筋や他の組織との滑走性が保たれていることなどが条件となる．これらについても筋力トレーニングを行う前に十分に解決していくことが望ましい．

E. 対症療法

　関節外の軟部組織に疼痛が認められる場合，アライメント，キネマティクス，可動域，筋力が正常であっても，疼痛の残存によりその後の競技復帰に支障をきたすことになる．その多くは疼痛を発している組織への緊張伝達や滑走不全が原因の疼痛であり，それらの滑走性を十分に回復することで症状が軽減される．

1.4 膝関節のリアライン・トレーニングの構成

　膝関節のリアライン・トレーニングは，序章の図 4 に記載した流れに沿って原則として**リアライン，スタビライズ，コーディネート**の順に実施される．膝関節の**ローカル・リアライン**を進める際，FT 関節のリアラインを先行させて，十分に下腿外旋と外方偏位を改善して脛骨粗面を内側に移動させたうえで，PF 関節のリアラインを行う．次に，良好なアライメントを維持するために必要な筋機能を高めることを目的として，**ローカル・スタビライズ**を行う．

　グローバル・リアラインと**グローバル・スタビライズ**は荷重位での下肢による複合関節運動によって進められ，膝関節と近位の骨盤・股関節，遠位の足関節・足部との連動が不可欠である．したがって，必要に応じて膝関節以外の下肢関節のローカル・リアラインを進めつつ，下肢全体のグローバル・リアラインを進めることが望ましい．**リアライン・バランスシューズ＜膝関節用＞**（（株）GLAB 社）（図 1.11a）を用いることにより，下肢全体のグローバル・リアラインとグローバル・コーディネートを効率的に進めることが可能となる．その後に，下肢と体幹の連動を意識した**コーディネート**を行うと，より確実性の高い動作学習が進められる．

図 1.11　リアライン・バランスシューズの概観

a) リアライン・バランスシューズ
　　　＜膝関節用＞

b) リアライン・バランスシューズ
　　　＜足関節用＞

1.5　ローカル・リアライン

　膝関節の**ローカル・リアライン**のゴールは，理想の膝関節アライメント，キネマティクス，可動域，筋活動パターンを回復させ，問題のないローカル・スタビライズの準備を完成させることである．これには，膝伸展位における下腿外旋・外方偏位の改善と膝蓋骨外方偏位の改善，屈曲に伴う十分な下腿内旋と膝蓋骨外方偏位の改善，完全な伸展および屈曲可動域，完全な膝蓋骨可動性，そして大腿四頭筋とハムストリングスの十分な筋力と正常運動を促す筋活動パターンの獲得，などが含まれる．以上のようなローカル・リアラインに必要な滑走性改善には徒手的な**組織間リリース**®が必須である．

A. 徒手療法（マニュアル・リアライン）

　膝関節のローカル・リアラインにおいて，皮膚および皮下脂肪の滑走性は不可欠である．膝関節裂隙の上下15cm程度の皮膚・皮下脂肪の滑走性を全体的に改善することにより，皮下脂肪の深層にある筋，腱，腸脛靱帯，膝蓋腱，膝蓋骨，靱帯などの皮膚に対する可動性を十分に確保する．皮下組織の癒着の好発部位として，膝窩部，大腿・下腿・膝関節の外側，鵞足部，膝蓋腱周囲，大腿四頭筋やハムストリングス上の皮下脂肪などが挙げられる（図1.12）．

（1）組織間リリースとは

　組織間リリース（inter-structural release：ISR）®は筆者が考案した軟部組織のリリーステクニックである．これは末節骨の先端部分に直径1mmほどの小さな点を意識し，その点を組織間

図 1.12　膝関節のローカル・リアラインにおける組織間リリースの実施部位

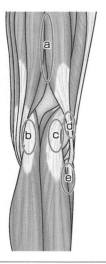

a) 大腿二頭筋長頭・半膜様筋間
b) 腓腹筋内側頭・関節包間
c) 腓腹筋外側頭・関節包間
d) 大腿二頭筋腱・関節包間
e) 腓腹筋外側頭・長腓骨筋間

図 1.13　組織間リリース前後の筋線維の動き

　　a）リリース前　　　　　　　　　　b）リリース後

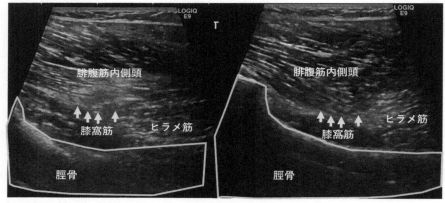

a) 腓腹筋内側頭と膝窩筋との間に滑走不全が認められ，腓腹筋内側頭の筋線維が乱れている．
b) 組織間リリースの実施後，滑走性が改善されるとともに，筋線維の配列が整った様子が観察される．

に滑り込ませ，隣接する軟部組織間の滑走性を改善する技術である．滑走不全を指先が触知したうえで1 mm を目処に組織間に指先を侵入させ，その状態を3～5秒間保つことにより指先への抵抗感と痛みがほぼ消失し，他動運動による組織間の滑走性が確認できる．これを皮下組織，皮下脂肪と深筋膜や腱，関節包，靱帯などあらゆる組織間に用いることにより，指先が届く範囲であらゆる組織間の滑走性を取り戻すことができる（図 1.13）．

　組織間リリースは一度習得するとたいへん有効な技術であるが，技術習得は容易ではなく，また治療の時間や手間，そしてわずかな痛みを伴う．これに対して，組織間の滑走性改善効果のあるツールとして，エンダモロジー（インターリハ株式会社），RapidRelease（Rapid Release Technology）などが挙げられる．エンダモロジーは大腿外側など広い面積の皮下脂肪のリリー

スに適しているのに対し，RapidRelease は深層や比較的組織が密集した部位に有効である.

　近年，ファシアリリース（筋膜リリースと呼ばれることが多い）に効果的とされる道具が販売されている．その多くは筋を強く圧迫することで柔軟性の改善を狙うものであり，そのような強い刺激は筋組織の微細損傷，そしてそれに続発する線維化を促す可能性があることに留意すべきである．**このため，筆者はテニスボールを含め，筋を局所的に圧迫を加えるようなファシアリリースツールを一切使用しない.**

(2) 組織間リリースの方法

① 膝窩部

＜内旋可動性の変化の確認＞

　膝窩部は椅子坐位や正座などの膝屈曲位での圧迫や膝関節内の腫脹などにより，滑走性の低下が起こりやすい部位である．内旋可動性の変化は，腹臥位で下腿外側を前方に押し込んだときの腓骨頭の前方への可動性（下腿内旋）の変化によって把握する（図 1.14a）.

図 1.14　膝窩部の皮下組織の滑走不全に対するマニュアル・リアライン

a）下腿内旋可動性の指標として，腹臥位で下腿外側を前方に押し込んだときの腓骨頭の前方への可動性を確認する.

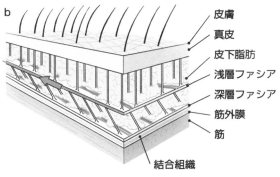

皮膚
真皮
皮下脂肪
浅層ファシア
深層ファシア
筋外膜
筋
結合組織

b）皮膚と筋の間の皮下脂肪層には，皮下脂肪を 2 分する浅層ファシアと筋外膜に接する深層ファシアが存在する．それぞれにおいて滑走性が保たれることにより，皮膚と筋が正常な可動性を保つことができる.

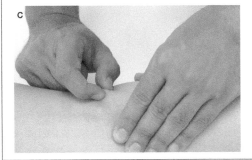

c）膝窩部の皮膚の可動性獲得のための深層ファシアリリースでは，筋腱に密着している深層ファシアから皮下脂肪を剥がすようにリリースを行う．膝窩部の浅層ファシアリリースでは，皮膚と深筋膜との中間にある浅層ファシアの層を指先で見極め，的確にリリースを行う.

＜皮下組織のリリース＞

　下腿外旋拘縮を呈する膝関節において，内旋可動性を回復させるためには，この膝窩部の皮膚の可動性獲得は必須である．膝窩部の皮膚は，リンパ節の存在と，長時間の椅子坐位や正座などによる圧迫等により滑走性を失いやすい．このため膝窩部から少し離れたハムストリングス遠位部に癒着した皮下脂肪をリリースすることにより，あらかじめ膝窩部の皮膚を弛めることが必要である（図1.14b）．この際，筋・腱に接している深筋膜と，皮膚と深筋膜との中間にある浅筋膜（皮下帯膜）とを区別し，両者を的確にリリースすることが重要である（図1.14c）．その後に，腹臥位で下腿を内旋させるように下腿外側を前方に押すと，腓骨頭の前方への可動性が改善していることが確認される．

＜ハムストリングスと腓腹筋内側頭との間の組織間リリース＞

　皮下組織のリリースの次に，ハムストリングスと腓腹筋内側頭との間のリリースを行う（p.24図1.12b）．腹臥位での下腿内旋に抵抗する膝窩部内側の筋間の滑走性を改善する．具体的には，腓腹筋内側頭と半腱様筋（鵞足滑液包）および半膜様筋との間の滑走性を十分に獲得する（図1.15a）．さらに，指先を腓腹筋内側頭の内側から前面に滑り込ませるようにして，関節包の近位から遠位の付着部まで，腓腹筋内側頭と膝関節後部関節包との間の滑走性を獲得する（図1.15b）．これにより，腹臥位での下腿内旋誘導に対する抵抗感はかなり小さくなる．

図1.15　膝関節後内側の組織間リリース

a
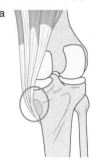 

b
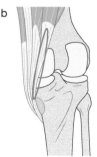 

a）鵞足滑液包の癒着がある場合は，滑液包の浅層と皮下組織との間を，深層で筋・腱と滑液包との間をリリースし，あらかじめ滑液包周囲の滑走性を獲得しておく．

b）腓腹筋内側頭と半腱様筋との間から腓腹筋内側頭と関節包との間に指先を滑り込ませ，関節包との滑走性を改善する．関節裂隙から遠位に2〜3cm，近位には後顆の上部までリリースするのが望ましい．

<膝関節後外側の組織間リリース>

次に,脛骨外側顆または腓骨頭の前方移動に抵抗する膝関節後外側の筋間の滑走性を改善する.まず,大腿二頭筋腱を腓腹筋外側頭から剥がすように内側からリリースし(図1.16a),次に大腿二頭筋腱を関節包から剥がすように外側からリリースする(図1.16b).これを腓腹筋外側頭の起始部から腓骨頭まで行うことにより,大腿二頭筋腱の自由な滑走性を獲得する.なお,大腿二頭筋腱の内側には総腓骨神経があることに留意する.次に腓腹筋外側頭と腓骨頭および腓骨筋との間のリリースを行うことで,腓骨の前方への可動性を向上させる(図1.16c).最後に,外側から腓腹筋外側頭の前面に指先を滑り込ませ,腓腹筋外側頭と関節包や膝窩筋腱との滑走性を十分に獲得する(図1.16d).以上を漏れなく実施することにより,正常な下腿内旋の可動性が獲得されるとともに,膝伸展に対する膝窩部の制限因子がほぼ解消される.

最後に大腿部の前面にタオルなどを入れて下腿をベッドやマットから浮かせた状態とし,膝過伸展位において,腓骨頭の前後の位置を指標とした下腿内旋可動性,および脛骨の前方移動を伴う膝伸展角度を確認する.必要があれば皮膚のリリースを再度実施する.

② 大腿外側

<滑走不全の問題>

大腿外側(図1.17a)は,側臥位での睡眠など長時間の圧迫にさらされることにより,滑走性低下が起こりやすい.まず外側広筋や腸脛靱帯上の皮下脂肪の滑走不全が外側広筋の伸張性,腸脛靱帯の可動性を制限する.また外側広筋と腸脛靱帯間,外側広筋と大腿二頭筋短頭間の滑走性低下は,これらの筋の疲労と硬化を招き,膝屈曲に伴う膝蓋骨外方偏位や脛骨内旋制限,膝伸展位を伴う下腿外旋拘縮の原因となる.さらには腸脛靱帯と大腿骨外側および関節包との滑走不全により,腸脛靱帯の正常な前後移動が阻害され,下腿外旋を招く.

<滑走不全の確認>

腸脛靱帯上の皮下組織の滑走不全の状態は,外側広筋上の皮膚をつまんだ状態での膝屈曲(図1.17b),大腿二頭筋や腸脛靱帯上の皮膚をつまんだ状態での膝伸展における皮膚の緊張から判断する.膝の屈曲・伸展・内旋などあらゆる運動方向に対して,大腿外側の抵抗しない状態が理想である.逆に,皮膚をつまんだ状態での膝屈伸により皮膚の緊張や痛みが生じる場合は滑走不全が存在しているものとみなす.

大腿外側の皮下組織のリリースは,皮下脂肪と深筋膜や腸脛靱帯との組織間に指先を滑り込ませるようにして行う.腸脛靱帯よりも前方の皮膚のリリースは膝を屈曲させつつ(図1.17b),腸脛靱帯よりも後方の皮膚のリリースは膝を伸展させつつ行う.

<腸脛靱帯や外側広筋のリリース>

外側広筋,腸脛靱帯,外側膝蓋支帯(腸脛靱帯膝蓋骨線維[13])が形成する三角形が,膝伸展位では低い三角形,膝屈曲位では高い三角形に変化できるのが正常と想定される[5](図1.17c).これを実現するため,表層の皮下組織のリリースを行ったうえで,腸脛靱帯や外側広筋のリリースを行う.膝伸展に伴う腸脛靱帯の前方移動を促すため,腸脛靱帯と大腿骨外側上顆周辺との滑走性を改善することを目的として腸脛靱帯の後方からリリースを行う(図1.18a).同様に,膝屈曲に伴う腸脛靱帯の後方移動を促すため,腸脛靱帯の前方からリリースを行う(図1.18b).さらに,

図 1.16 膝関節後外側の組織間リリース

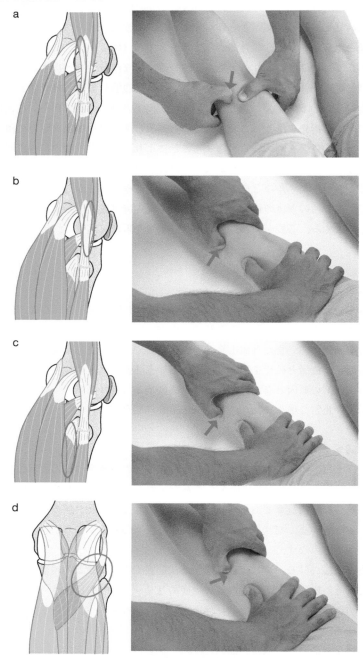

a) 大腿二頭筋腱の内側から，この腱と関節包との間に指先を滑り込ませて大腿二頭筋腱を関節包からリリースする．

b) 大腿二頭筋腱の外側から，この腱と関節包との間に指先を滑り込ませて大腿二頭筋腱を関節包からリリースする．

c) 腓腹筋外側頭と腓骨頭および長腓骨筋との間のリリースを行うことで，さらに腓骨の前方への可動性を向上させる．

d) 外側から腓腹筋外側頭の前面に指先を滑り込ませ，腓腹筋外側頭と関節包や膝窩筋腱との滑走性を十分に獲得する．

図 1.17　大腿外側の滑走不全の評価

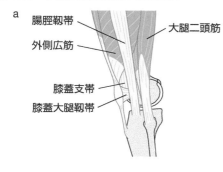

a

腸脛靭帯
外側広筋
膝蓋支帯
膝蓋大腿靭帯
大腿二頭筋

b

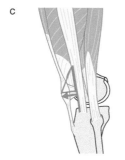

c

a) 大腿外側では，皮下組織の滑走不全のほか，外側広筋，腸脛靭帯，大腿二頭筋，膝蓋支帯，膝蓋大腿靭帯など
　 が滑走不全を形成する．
b) 膝屈曲に伴う腸脛靭帯の後方移動を評価する方法．指先を外側広筋と腸脛靭帯の間に滑り込ませるようにし，
　 膝の他動屈曲中に後方に移動することを確認する．
c) 腸脛靭帯を底辺とし，外側広筋外側縁と外側膝蓋支帯とが形成する三角形は，膝伸展位で低く，屈曲位で高く
　 なる．

膝屈曲に伴う腸脛靭帯と外側広筋との離開を促すため，外側広筋の外側縁（下縁）をめくり上げるようにリリースを行う（図 1.18c）．

　上記以外に外側広筋の伸張性低下を招く原因として，外側広筋と大腿二頭筋，大殿筋，大腿筋膜張筋，大腿直筋との滑走不全が挙げられる．これらの筋間のリリースを行うことにより，下腿外旋拘縮や膝蓋骨外方偏位を招かない，柔軟性に富んだ外側広筋を取り戻すことができる．

図 1.18　大腿外側の滑走不全に対する組織間リリース

a

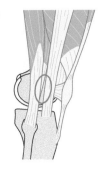

b

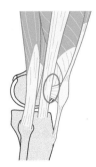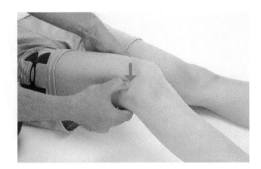

c

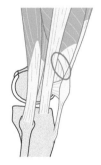

a）膝伸展に伴う腸脛靱帯の前方移動を促すため，腸脛靱帯の後方において大腿骨外顆をこするようにして腸脛靱帯後縁の深層をリリースする.
b）膝屈曲に伴う腸脛靱帯の後方移動を促すため，腸脛靱帯の前方において大腿骨外顆をこするようにして腸脛靱帯前縁の深層をリリースする.
c）膝屈曲に伴う腸脛靱帯と外側広筋との離開を促すため，膝伸展位において外側広筋の外側縁（下縁）をめくり上げるようにリリースを行う.

図 1.19　下腿外側の組織間リリース

a

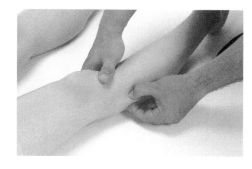

b

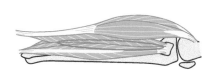
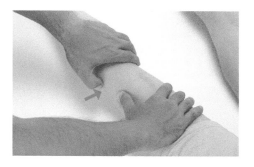

a）表層に腓骨筋群，腓腹筋，長母趾屈筋などと皮膚との滑走性を改善するため，皮下組織（浅層ファシア，深層ファ
　シア）のリリースを行う．
b）腓骨筋・腓骨頭をこするようにして，腓腹筋外側頭の滑走性を改善する．

③　下腿外側

　下腿外側も大腿外側と同様に，側臥位での睡眠などの圧迫により滑走性低下が起こると推測される．腓骨筋と腓腹筋外側頭やヒラメ筋との滑走不全が起こりやすいことから，これらにまたがる腓骨筋上の皮下脂肪のリリースを行う（図1.19a）．次に，図1.19bを行い，外側コンパートメントと後方コンパートメントという異なる筋群間で独立した筋活動や伸張が得られる状態を取り戻す．

④　膝関節外側

　膝関節の外側には関節包，外側側副靱帯（LCL），外側膝蓋支帯，外側広筋，腸脛靱帯，大腿二頭筋，膝窩筋，腓腹筋外側頭といった組織が存在し（図1.20a），側臥位での圧迫，テーピングやサポーターの圧迫，膝関節の炎症，一時的な可動域制限などによって容易に癒着が起こる．その表層の皮下組織の滑走性低下も起こりやすい．これに対し，膝の屈曲・伸展運動に対して皮膚が緊張を強めない状態になるまで十分にリリースを行う（図1.20b）．

　皮膚の可動性が得られたら，関節包と周辺組織の滑走不全のリリースを行う．具体的にはLCL（図1.20c），腸脛靱帯，大腿二頭筋，腓腹筋外側頭を関節包に対して滑らせることにより，すべての組織が膝の肢位にかかわらず関節包から独立した可動性を取り戻す．

図 1.20　膝関節外側の組織間リリース

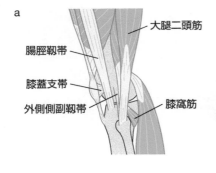

a

大腿二頭筋
腸脛靱帯
膝蓋支帯
外側側副靱帯
膝窩筋

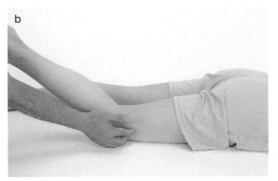

b

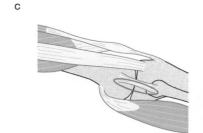

c

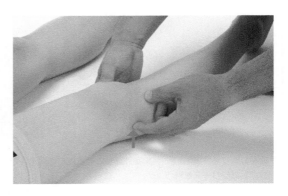

a) 膝関節外側には腸脛靱帯，膝蓋支帯，外側側副靱帯，膝窩筋，大腿二頭筋など多数の組織が折り重なるように存在する.
b) 膝外側において，浅層ファシアにおける皮下組織の滑走性を改善させる. 膝の他動屈曲・伸展に伴い皮膚をつまんでいる指先に緊張が伝達されなくなる状態を目標とする.
c) 外側側副靱帯を関節包からリリースする際，膝屈曲において前方から，伸展において後方からリリースする.

⑤　鵞足部

　鵞足部（図 1.21a）は圧迫にはさらされにくい部位ではあるが，鵞足滑液包の癒着により関節包，鵞足を構成する腱，半膜様筋，腓腹筋内側頭，膝窩筋停止部，そして皮膚が癒着を起こしやすい. その結果，内側コンパートメントの伸展制限とともに，外旋拘縮からの内旋誘導に対しても抵抗を示す場合がある. 腓腹筋内側頭との癒着は内側ハムストリングスによる下腿内旋機能の低下を，関節包との癒着は膝関節の伸展制限を招く. また，内反変形を強めた膝においては，MCL，関節包，鵞足，内側広筋などが一体となって滑走不全に陥り，FT 関節の内側コンパートメントに強い圧縮力を引き起こしている場合がある.

　これらの癒着を順次リリースしていく前段階として十分に皮下組織のリリースを行っておく. 皮膚の可動性が得られたら，鵞足を構成する腱を腓腹筋内側頭（図 1.21b）や関節包（図 1.21c）からリリースする.

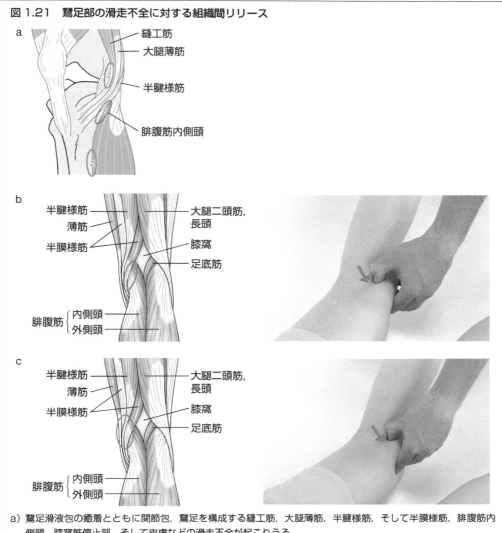

図 1.21　鵞足部の滑走不全に対する組織間リリース

a

縫工筋
大腿薄筋
半腱様筋
腓腹筋内側頭

b

半腱様筋
薄筋
半膜様筋
大腿二頭筋, 長頭
膝窩
足底筋
腓腹筋 { 内側頭 / 外側頭 }

c

半腱様筋
薄筋
半膜様筋
大腿二頭筋, 長頭
膝窩
足底筋
腓腹筋 { 内側頭 / 外側頭 }

a）鵞足滑液包の癒着とともに関節包，鵞足を構成する縫工筋，大腿薄筋，半腱様筋，そして半膜様筋，腓腹筋内側頭，膝窩筋停止部，そして皮膚などの滑走不全が起こりうる.

b）腓腹筋内側頭をこするようにして半腱様筋腱を腓腹筋内側頭からリリースする.

c）関節包をこするようにして大腿薄筋や半腱様筋を後方から前方に向けてリリースし，関節包に対する前方への可動性を獲得させる.

⑥　膝蓋腱周囲

　膝蓋腱周囲（図 1.22a）の皮膚は，正座や膝立ち位での活動，転倒，膝蓋下脂肪体炎，膝関節内の腫脹，2 次的膝蓋骨低位など種々の原因により滑走性を失う．脛骨粗面から膝蓋骨（図 1.22b），そしてその左右の膝蓋下脂肪体上にかけて皮膚の可動性を十分に獲得する（図 1.22c）.

　皮膚の可動性が得られたうえで，大腿四頭筋セッティングにおける膝蓋骨の上方への可動性の改善の有無を判定する．必要に応じて膝蓋下脂肪体周囲のリリースを行う．具体的には膝蓋下脂肪体を包むファシアから膝蓋腱や膝蓋支帯（図 1.22d），腸脛靱帯，内側側副靱帯などを剥がすようにリリースを行う．膝蓋下脂肪体の損傷を防ぐため，常に指先は膝蓋下脂肪体から離れる方向にリリースを行う．膝蓋下脂肪体炎が一度発症すると，痛み，炎症，癒着，拘縮，膝蓋骨低位，

図 1.22　膝蓋腱周囲の滑走不全に対する組織間リリース

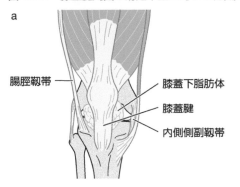

a

腸脛靭帯

膝蓋下脂肪体
膝蓋腱
内側側副靭帯

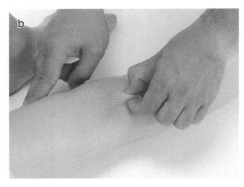

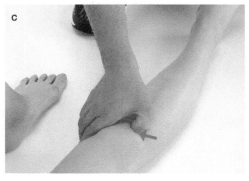

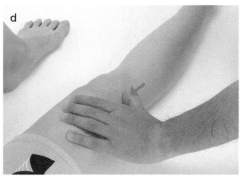

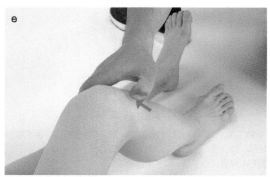

a) 膝蓋腱や膝蓋下脂肪体を覆うファシアと皮膚が癒着しやすいことに加え，膝蓋下脂肪体ファシアと膝蓋腱，腸脛靭帯，内側側副靭帯などの滑走不全が生じる．膝蓋下脂肪体拘縮に陥ると膝蓋骨低位となり，伸展制限および伸展筋力低下をもたらす．
b) 膝蓋骨の上方への可動性を改善するため，膝蓋腱周辺の皮下組織をつまむようにして，浅層ファシアをリリースする．
c) 膝蓋下脂肪体と膝蓋腱の間に指先を滑り込ませ，脂肪体をこするようにして膝蓋腱を脂肪体前面のファシアからリリースする．
d) 膝蓋下脂肪体から膝蓋支帯（腸脛靭帯膝蓋骨線維）を上方に移動させるようにリリースする．
e) 脛骨前縁から膝蓋腱をめくるようにリリースする．このとき，深膝蓋下滑液包の癒着があると想定し，特に指先の接触面積を小さくするように意識する．

大腿四頭筋機能低下などの悪循環を招く．このため，膝蓋下脂肪体を潰すように圧迫することは絶対に避けなければならない．また膝屈曲に伴う膝蓋腱と脛骨との可動性の低下が認められる場合は，膝蓋腱と脛骨粗面上の深膝蓋下滑液包のリリースを行う（図 1.22e）．

　大腿四頭筋やハムストリングスでは，皮下脂肪と筋との滑走不全により，筋間の滑走性を失いやすい．外側広筋と大腿直筋など大腿四頭筋間の滑走性や，半腱様筋と大腿二頭筋長頭などハムストリングス間の滑走性が失われると，疲労しやすく，柔軟性に乏しい硬い筋になりやすい．これらに対して十分な皮下脂肪と筋間の滑走性を得るようにリリースする．時には，脛骨神経，膝窩動・静脈と半膜様筋との滑走不全が膝伸展制限の原因となっている．

　大腿四頭筋間では，特に大腿直筋と外側広筋との間の滑走不全が問題となることが多い．大腿直筋が膝蓋骨と下前腸骨棘を結ぶ線に対して外側に引かれた状態にあることも珍しくはない．これらの筋間のリリースを行い，大腿直筋が十分に開放された状態を確保する（図1.23）．

　ハムストリングス間では，大腿二頭筋長頭と半腱様筋間（図1.24a）のリリースを行ったうえで，大腿二頭筋長頭と短頭の間（図1.24b），さらには半腱様筋と半膜様筋との間（図1.24c），そして半膜様筋と大内転筋との間（図1.24d）の滑走性改善を図る．大腿薄筋と大内転筋の滑走不全についても留意すべきである．

図1.23　大腿四頭筋間の組織間リリース

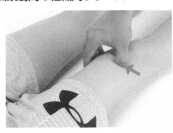

大腿直筋と外側広筋との間の滑走不全に対して，外側広筋をこするようにして外側広筋に対して大腿直筋をリリースする．

図1.24　ハムストリングス筋間の組織間リリース

 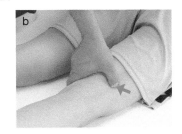

 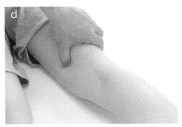

a) 大腿二頭筋長頭をこするようにして，大腿二頭筋長頭から半腱様筋をリリースする．
b) 大腿二頭筋短頭をこするようにして，短頭から長頭をリリースする．
c) 半腱様筋をこするようにして，半腱様筋から半膜様筋をリリースする．
d) 大内転筋をこするようにして，大内転筋から半膜様筋をリリースする．

B. 補装具療法（リアライン・デバイス）

　リアラインに効果的な補装具をリアライン・デバイスと呼ぶ．膝関節に用いるリアライン・デバイスとしては，下腿外旋拘縮に対して下腿内旋を誘導するテーピングやブレース，膝蓋骨の矢状面上の傾斜異常に対するテーピング，下腿外旋を足底から抑制するためのインソールなどが含まれる．テーピングは技術を習得すればたいへん効果的に下腿の回旋アライメントをコントロールできるが，技術習得の困難さ，コスト，手間，皮膚のかぶれ，圧迫による組織間の滑走不全増悪など問題も多いことから，汎用性が高いとはいえない．それに対して，立方骨を支持するリアライン・インソール（（株）GLAB社）（図1.25a）は，とても簡便である．これを一度下腿外旋拘縮の改善が得られた下肢に対して使用することにより，下腿外旋拘縮の再発をある程度予防することができる．その詳細は第3章で述べる．一方，リアライン・ソックス（（株）GLAB社）（図1.25b）は，背屈時に脛骨に対する距骨内旋を誘導するため，片脚スクワットにおいて距骨に対して脛骨を外旋位に保つ作用を有する．これにより，スクワット中の膝外反アライメントを抑制する．

図1.25　膝関節のアライメントを改善するリアライン・デバイス

a) リアライン・インソール

b) リアライン・ソックス

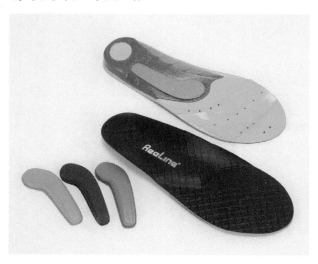

a) リアライン・インソールは足底から立方骨の降下を防ぐ．これにより，踵骨回外に連動する下腿外旋を制動する効果があり，膝のアライメントにも有益な効果をもたらす．

b) リアライン・ソックスは背屈時に脛骨に対する距骨内旋を誘導するため，片脚スクワットにおいて距骨に対して脛骨を外旋位に保ち，つま先の真上に膝を誘導する．

C. 運動療法（リアライン・エクササイズ）

　滑走不全が解消されたうえで，筋機能不全の改善を促すために運動療法（リアライン・エクササイズ）を行う．膝関節のリアライン・エクササイズの主体は，内側ハムストリングスによる下

腿内旋誘導と，内側広筋による膝蓋骨外方偏位の制動，中間広筋による膝蓋骨後傾の誘導の3点に集約される．以下のエクササイズは，自動運動かわずかな抵抗に対して実施するものであり，あくまでも下腿外旋位にある膝関節のリアラインに必要な筋活動パターンの学習を促すためのものである．なお，十分な抵抗を加えた"強化"は次節の「1.6 ローカル・スタビライズ」にて述べる．

① 椅子坐位下腿内・外旋プログラム

　まず，内側および外側ハムストリングスが互いに拮抗筋として下腿内・外旋を自在にコントロールできるようになることを目的とした**下腿内・外旋エクササイズ**（図1.26）を行う．椅子坐位で膝屈曲90°として，足関節背屈位とし，踵を支点として下腿の内・外旋運動を反復する．原則として，内旋を最大努力で，外旋を最小限の努力で行うことにより，徐々に自動内・外旋可動域を拡大する．両手で膝窩部において大腿二頭筋と半腱様筋の腱の緊張を触知し，両者が互いに拮抗筋として内・外旋筋として機能していることを確認する．両手で脛骨の内顆および外果を把持しつつエクササイズ中の下腿の動きを観察すると，しばしば下腿外側（腓骨頭）の前後移動ばかりが目立ち，脛骨内側顆の前後の移動が小さいことに気づく．これに対し，脛骨内側顆を後方に押し込むように内旋を介助するだけで内側顆の可動性が改善する場合がある．それでも改善が不十分な場合は，鵞足周囲の滑走不全の影響が考えられるため，そのリリースを再度十分に行う．

　次に，外旋拘縮に対して，正常なスクリューホームメカニズムの再学習を目指し，下腿を内旋させつつ膝屈曲・伸展を行えるようになることを目的とした**下腿内旋位膝屈曲・伸展エクササイズ**を行う．椅子坐位で，半腱様筋腱が常時緊張している状態を触知しつつ，下腿内旋位での膝屈曲・伸展を反復する．ただし膝伸展相において内側ハムストリングスの緊張を保つことはやや難しく，エクササイズの効果が得られにくい場合がある．

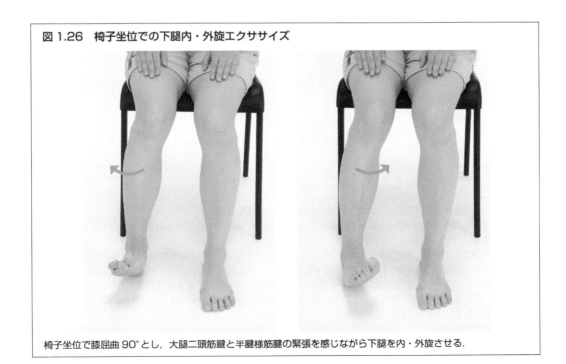

図1.26　椅子坐位での下腿内・外旋エクササイズ

椅子坐位で膝屈曲90°とし，大腿二頭筋腱と半腱様筋腱の緊張を感じながら下腿を内・外旋させる．

　リアライン・レッグプレス（(株)GLAB 社）（以下レッグプレス）は上記の下腿内旋エクササイズをより効果的に行えるようにするために開発された．まず椅子坐位となり，付属するベルトを椅子の脚に掛けて床上を滑らないようにする．次に，エクササイズを行う下肢の足部を足マットに乗せてベルトでしっかりと固定する（図 1.27a）．下腿内旋運動が上手にできない場合に起こりがちな股関節内旋運動（図 1.27b）を防ぐため，常に膝をやや外側に保ち，膝の内側に内果が直視できる状態を保つ（図 1.27c）．

図 1.27　リアライン・レッグプレスの使用法

a）エクササイズを行う下肢の足部を足
　マットに乗せてベルトでしっかりと
　固定する．

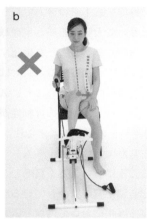

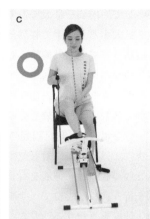

b）下腿内旋運動が上手にできない場合には代償的に股関節内旋運動が起こりやすい．

c）股関節内旋の代償運動を防ぐため，常に膝をやや外側に保ち，膝の内側に内果が直視できる状態を保つように
　指導する．

d）右下肢のエクササイズを行う場合，左手のゴムロープを引くことにより下腿内旋筋に対する自動介助運動を行う．
　自動内旋において代償運動が起こりやすいときに使う．

e）右下肢のエクササイズを行う場合，右手のゴムロープを引くことで下腿内旋の抵抗運動を実施する．自動内旋
　において代償運動が起こらなくなってきたあとに，抵抗運動を開始する．トレーナーは膝外側に弱い抵抗を加え，
　股関節外転筋力の発揮を促す．

f）股関節を軽度外転位とし，内果を直視できる肢位とする．右手のゴムロープの抵抗に抗して下腿を最大限内旋さ
　せ，内側ハムストリングスの緊張を保ちつつレッグプレス運動を行う．

エクササイズの手順として，まず**下腿内・外旋エクササイズ**を行う．原則として，内旋を最大努力で，外旋を最小限の努力で行うことにより，徐々に自動内旋可動域を拡大する．右下肢のエクササイズを行う場合，左手のゴムロープを引くことで下腿内旋筋に対する自動介助運動（図1.27d），右手のゴムロープを引くことで抵抗運動（図1.27e）を行うことができる．この機能を活用し，下腿内旋運動が下手な場合は，自動介助運動，自動運動，抵抗運動の順にエクササイズを進める．なお，抵抗運動を行う場合は，左手で内側ハムストリングスの活動を触知しながらエクササイズを実施する．

　次に，**下腿内旋位膝屈曲・伸展エクササイズ**を行う．内果を直視できる状態で，右手のゴムロープの抵抗に抗して下腿を最大限内旋させ，内側ハムストリングスの緊張を保ちつつレッグプレス運動を行う（図1.27f）．常時，内果が直視できる状態を保つこと，そして内側ハムストリングスの緊張を保つこと，の2点により効率的に正常なスクリューホームメカニズムに必要な膝屈曲に伴う下腿内旋運動を獲得することができる．

③　ニーアウトスクワット

　非荷重位またはリアライン・レッグプレスにより下腿内旋での膝の屈伸が行えるようになったら，次のステップとしてその運動を荷重位で行う段階に進む．この段階は第4章で述べるグローバル・リアラインに含めることもできるが，ここでは特に膝の回旋アライメントについて述べる．

　ニーアウトスクワットは，つま先に対して膝を外側に向けることにより，下腿に対する大腿の外側（すなわち下腿内旋）を荷重位にて誘導することを目的としたエクササイズである．まず，両脚を密着させた立位から，膝関節と股関節をともに45°程度屈曲したスクワット肢位になる（図1.28a）．次に，足底内側を床から浮かせないようにしつつ，股関節を外旋させて膝を外側に開き，相対的な下腿内旋を促すようにする（図1.28b）．膝外側の軟部組織の緊張を十分に感じながら，ゆっくりと膝を完全伸展させる（図1.28c）．

図1.28　ニーアウトスクワットの実施方法

a b c

a）両脚を密着させた立位から，膝関節と股関節をともに45°程度屈曲したスクワット肢位になる．
b）足底内側を床から浮かせないようにしつつ，股関節を外旋させて膝を外側に開き，大腿に対する下腿内旋を促すようにする．
c）膝外側の軟部組織の緊張を十分に感じながら，ゆっくりと膝を完全伸展させる．

このニーアウトスクワットにおいて，ニーアウトの肢位で強く緊張する軟部組織や筋は荷重位での下腿内旋に抵抗する組織と捉えられる．これらがニーアウトスクワットの反復によって弛む気配がなければ，徒手療法により滑走性を改善させる．

D. 特殊な結果因子（病態，組織損傷）に対するローカル・リアライン

　ローカル・リアラインは，膝関節のアライメントとキネマティクスの正常化，完全な可動域の回復，そして他動運動での疼痛の消失によって完了となる．これにより，少なくとも運動学的な異常によって関節周囲の組織のダメージが拡大する状態から抜け出すことができる．すなわち，マルアライメント症候群の「原因因子」と「マルアライメント」が解決したことを意味する．しかしながら，以下に挙げるような「結果因子」が未解決であるため，次のローカル・スタビライズへの移行がスムーズに行えない場合もある．理想の関節運動が得られ，同時に結果因子が解決できない場合は，手術適応も含めた他の治療法の検討が必要となる．

① 膝蓋上嚢の癒着

　膝蓋上嚢の癒着は，関節内の持続的な炎症による関節線維症の一症状として出現する．中間広筋と大腿骨との間の滑走性を著しく損ねることとなり，大腿四頭筋筋力と伸張性の低下を生じる．体表からの中間広筋のモビライゼーションにより多少の軽減は可能だが，根本的な解決は関節鏡視下手術に頼らざるを得ない．

② 膝蓋下脂肪体拘縮・損傷

　膝蓋下脂肪体拘縮は，関節鏡視下手術後や膝外傷後の軽度屈曲位での安静期間中に形成される．膝蓋下脂肪体が膝蓋腱，腸脛靱帯，膝蓋支帯，膝内側側副靱帯（MCL）などその周辺組織との間で可動性を失うことにより生じる．予防には，術後または外傷後できるだけ早期からの完全伸展位での大腿四頭筋セッティングの反復が必須である．一度形成されると運動療法による解決は困難である．

③ 半月板・関節軟骨損傷

　半月板と関節軟骨損傷は関節鏡視下手術によって処置される例が多い．しかし，これらの組織が治癒能力に乏しいことに加え，その原因因子である異常なコンタクトキネマティクス（荷重点の異常）が残存することにより，再発を繰り返すなど予後不良例も多い．これらに対する治療として，半月板縫合術など結果因子に対する治療と同時進行で，ローカル・リアラインを十分に実施して正常なコンタクトキネマティクスを獲得することが重要である．

　保存療法を選択した場合は，半月板と大腿骨の適合性を向上するため，ローカル・リアラインを十分に実施する．他動伸展または他動屈曲時による最終域における疼痛が消失してリアラインが完了したにもかかわらず，中間域で疼痛が出現する場合には，手術適応を含めた治療法の検討を行う．

④ 靱帯損傷

　リアライン・コンセプトを含めた各種の保存療法は，不安定性に対しては無力である．しかし

ながら，不安定性の影響を助長するような拘縮（滑走不全）が存在する場合は，その軟部組織を弛めることにより不安定性の影響を小さくすることは可能である．例えば，膝 MCL 損傷に対する膝外側の拘縮，肩前方脱臼における肩後方タイトネス，足関節外側靱帯損傷における内果周辺の拘縮が該当する．不安定性を呈する関節においてもローカル・リアラインを十分に実施し，伸張された靱帯へのストレスを最小限とするようなアライメントとキネマティクスを構築することが望まれる．逆に，理想的なキネマティクスや動作習慣が得られても不安定性の影響が無視できない場合は，手術適応を含めた検討が必要となる．

1.6 ローカル・スタビライズ

　ローカル・スタビライズは，ローカル・リアラインの終了，すなわち関節に違和感や痛みがなくスムーズな関節運動が可能となってから開始する．筋力発揮によって疼痛が出現する場合は，引き続きローカル・リアラインの段階にとどまるべきである．

　膝関節のローカル・スタビライズでは，理想的な FT 関節のスクリューホームメカニズムを得るためのハムストリングス機能，そして理想的な膝蓋骨のトラッキングを得るための内側広筋の機能の向上を目的とする．その基本は，リアライン・エクササイズとして紹介した下腿内・外旋エクササイズと下腿内旋位レッグプレスである．これらのエクササイズに習熟するにつれて，徐々に負荷や反復回数を増やし，下腿内旋位を保った膝関節運動に必要な筋活動パターンを十分に獲得する．

　個々の筋力の増強という目的においては，非荷重位でのレッグカール（ハムストリングス）（図1.29a）やレッグエクステンション（大腿四頭筋）（図1.29b）もトレーニングメニューに加えて

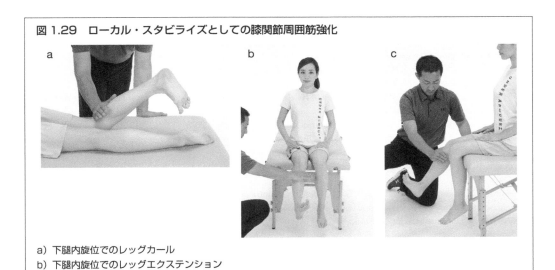

図 1.29　ローカル・スタビライズとしての膝関節周囲筋強化

a）下腿内旋位でのレッグカール
b）下腿内旋位でのレッグエクステンション
c）下腿近位部への抵抗を加えたレッグエクステンション

おく必要がある．いずれも下腿内旋位を保つことが重要である．外傷後や術後の回復過程で十分な筋力が回復していない場合や関節運動の途中で脱力感が出現する場合は，下腿近位部に抵抗を加えることが望ましい（図 1.29c）．

　膝周囲筋の強化の主体は荷重位でのトレーニングである．これについては，下肢全体のアライメントと筋活動パターンを含むため，「第 4 章　下肢のグローバル・リアライン」において述べる．

【まとめ】

　本章では，膝関節に特徴的にみられる下腿外旋，膝蓋骨外方偏位を中心としたマルアライメントに対するローカル・リアラインとローカル・スタビライズについて述べた．マルアライメントの存在下で筋力発揮を行うことのリスクや非合理性を理解し，この手順を順守することが望まれる．しかしながら，完全なローカル・リアラインを得るための組織間リリース（ISR）の技術習得は容易ではなく，その技術を有するセラピストとの協同作業が必要となる場合も多い．

文献

1) Ando, A.; Suda, H.; Hagiwara, Y.; Onoda, Y.; Chimoto, E.; and Itoi, E.: Remobilization does not restore immobilization-induced adhesion of capsule and restricted joint motion in rat knee joints. *Tohoku J Exp Med*, 227(1): 13-22, 2012.

2) Armour, T.; Forwell, L.; Litchfield, R.; Kirkley, A.; Amendola, N.; and Fowler, P. J.: Isokinetic evaluation of internal/external tibial rotation strength after the use of hamstring tendons for anterior cruciate ligament reconstruction. *Am J Sports Med*, 32(7): 1639-43, 2004.

3) Blankevoort, L.; Huiskes, R.; and de Lange, A.: The envelope of passive knee joint motion. *J Biomech*, 21(9): 705-20, 1988.

4) Elias, J. J.; Carrino, J. A.; Saranathan, A.; Guseila, L. M.; Tanaka, M. J.; and Cosgarea, A. J.: Variations in kinematics and function following patellar stabilization including tibial tuberosity realignment. *Knee Surg Sports Traumatol Arthrosc*, 22(10): 2350-6, 2014.

5) Fairclough, J.; Hayashi, K.; Toumi, H.; Lyons, K.; Bydder, G.; Phillips, N.; Best, T. M.; and Benjamin, M.: The functional anatomy of the iliotibial band during flexion and extension of the knee: implications for understanding iliotibial band syndrome. *J Anat*, 208(3): 309-16, 2006.

6) Grelsamer, R. P., and Weinstein, C. H.: Applied biomechanics of the patella. *Clin Orthop Relat Res*, (389): 9-14, 2001.

7) Grood, E. S.; Stowers, S. F.; and Noyes, F. R.: Limits of movement in the human knee. Effect of sectioning the posterior cruciate ligament and posterolateral structures. *J Bone Joint Surg Am*, 70(1): 88-97, 1988.

8) Grood, E. S., and Suntay, W. J.: A joint coordinate system for the clinical description of three-dimensional motions: application to the knee. *J Biomech Eng*, 105(2): 136-44, 1983.

9) Haimes, J. L.; Wroble, R. R.; Grood, E. S.; and Noyes, F. R.: Role of the medial structures in the intact and anterior cruciate ligament-deficient knee. Limits of motion in the human knee. *Am J Sports Med*, 22(3): 402-9, 1994.

10) Hefzy, M. S.; Jackson, W. T.; Saddemi, S. R.; and Hsieh, Y. F.: Effects of tibial rotations on patellar tracking and patellofemoral contact areas. *J Biomed Eng*, 14(4): 329-43, 1992.

11) Huri, G., and Bicer, O. S.: Unusual cause of knee locking. *Case Rep Orthop*, 2013: 837140, 2013.

12) LaPrade, R. F.; Pedtke, A. C.; and Roethle, S. T.: Arthroscopic posteromedial capsular release for knee flexion contractures. *Knee Surg Sports Traumatol Arthrosc*, 16(5): 469-75, 2008.

13) Merican, A. M., and Amis, A. A.: Anatomy of the lateral retinaculum of the knee. *J Bone Joint Surg Br*, 90(4): 527-34, 2008.

14) Mizuno, Y.; Kumagai, M.; Mattessich, S. M.; Elias, J. J.; Ramrattan, N.; Cosgarea, A. J.; and Chao, E. Y.: Q-angle influences tibiofemoral and patellofemoral kinematics. *J Orthop Res*, 19(5): 834-40, 2001.

15) Nha, K. W.; Papannagari, R.; Gill, T. J.; Van de Velde, S. K.; Freiberg, A. A.; Rubash, H. E.; and Li, G.: In vivo patellar tracking: clinical motions and patellofemoral indices. *J Orthop Res*, 26(8): 1067-74, 2008.

16) Noehren, B.; Barrance, P. J.; Pohl, M. P.; and Davis, I. S.: A comparison of tibiofemoral and patellofemoral alignment during a neutral and valgus single leg squat: an MRI study. *Knee*, 19(4): 380-6, 2012.

17) Noyes, F. R.; Wojtys, E. M.; and Marshall, M. T.: The early diagnosis and treatment of developmental patella infera syn-

drome. *Clin Orthop*, (265): 241-52, 1991.

18) Paulos, L. E.; Rosenberg, T. D.; Drawbert, J.; Manning, J.; and Abbott, P.: Infrapatellar contracture syndrome. An unrecognized cause of knee stiffness with patella entrapment and patella infera. *Am J Sports Med*, 15(4): 331-41, 1987.

19) Powers, C. M.; Chen, Y. J.; Scher, I. S.; and Lee, T. Q.: Multiplane loading of the extensor mechanism alters the patellar ligament force/quadriceps force ratio. *J Biomech Eng*, 132(2): 024503, 2010.

20) Powers, C. M.; Shellock, F. G.; and Pfaff, M.: Quantification of patellar tracking using kinematic MRI. *J Magn Reson Imaging*, 8(3): 724-32, 1998.

21) Richmond, J. C., and al Assal, M.: Arthroscopic management of arthrofibrosis of the knee, including infrapatellar contraction syndrome. *Arthroscopy*, 7(2): 144-7, 1991.

22) Saari, T.; Carlsson, L.; Karlsson, J.; and Karrholm, J.: Knee kinematics in medial arthrosis. Dynamic radiostereometry during active extension and weight-bearing. *J Biomech*, 38(2): 285-92, 2005.

23) Serrao, P. R.; Gramani-Say, K.; Lessi, G. C.; and Mattiello, S. M.: Knee extensor torque of men with early degrees of osteoarthritis is associated with pain, stiffness and function. *Rev Bras Fisioter*, 16(4): 289-94, 2012.

24) Shelbourne, K. D., and Nitz, P.: Accelerated rehabilitation after anterior cruciate ligament reconstruction. *Am J Sports Med*, 18(3): 292-9, 1990.

25) Young, A.; Stokes, M.; and Iles, J. F.: Effects of joint pathology on muscle. *Clin Orthop Relat Res*, (219): 21-7, 1987.

26) 蒲田和芳：スポーツ外傷の症候群としての捉え方　膝下腿外旋症候群(1). *Sportsmedicine*, 13(5): 40-44, 2001.

27) 蒲田和芳；生田太；米田佳；花田謙司；吉田大佑；宮路剛史：変形性膝関節症に対するリアライン・プログラムの有効性と限界. 臨床スポーツ医学, 28(6): 617-23, 2011.

28) 蒲田和芳；米田佳；生田太；宮路剛史：変形性膝関節症に関する臨床研究の成果と今後の課題. 理学療法, 27(7): 859-69, 2010.

第 **2** 章

足関節

◆足関節は距腿関節と距骨下関節という2つの関節，そして腓骨，脛骨，距骨，踵骨という4つの骨から構成される．

◆距骨下関節は主に前額面の回内・回外運動やアライメントに関与する．一方，距腿関節は矢状面の底背屈運動の主体となるとともに，水平面上の回旋アライメントに関与する．距腿関節のアライメントやキネマティクスについての研究は十分とはいえず，そのマルアライメントに関する評価法も未確立といわざるをえない．

◆足関節のリアライン・トレーニングは，他の関節と同様にリアライン，スタビライズ，コーディネートの3段階で進められる．まず，リアラインにおいて，距腿関節と距骨下関節のマルアライメントと異常な他動運動をできる限り修正して理想の運動を獲得する．その際，足関節アライメントに影響を与える足部のマルアライメントの修正も不可欠である．次に，スタビライズにおいて理想運動を持続させるための筋活動パターンを学習する．そして，最後のコーディネートでは，マルアライメントの再発を防ぐため，望ましい動的アライメントでのスポーツ動作の獲得を目指す．

2.1 背景

A. 足関節のスポーツ外傷

　足関節に発生するスポーツ外傷として，足関節内反捻挫（外側靱帯損傷）が挙げられる（図2.1）．これはスポーツ外傷の中で最も高頻度に発生し[1, 7, 18]，しかも再発率が高い[10, 14, 20]．足関節捻挫後には前距腓靱帯損傷により距骨の前外方不安定性が，踵腓靱帯損傷により距腿関節および距骨下関節の回外不安定性[6, 12]が残存しやすい．その後の機能低下として，歩行中の荷重中心の外方偏位（外側荷重）[17]や固有受容器能の低下[2, 8]が指摘されてきた．

　コンタクトスポーツでは，タックルなど下腿外側への外力によって足関節外反が強制され，三角靱帯損傷と前脛腓靱帯損傷の合併損傷が発生しやすい[15]（図2.2）．前脛腓靱帯が損傷すると疼痛が長期間残存し，競技復帰に2か月以上を要する例もある[13, 19]．さらに外力が大きい場合は，足関節外旋強制によって腓骨骨折[3, 15]が起こり，足関節脱臼骨折に至る場合もある[11, 16]．いずれの足関節外傷においても，急性期以降の機能回復過程で可動域制限がほぼ必発し，動作の回復やスポーツ活動の再開に影響を及ぼす．

B. 足関節のマルアライメント

　足関節複合体は距腿関節と距骨下関節の2関節，そして腓骨，脛骨，距骨，踵骨という4つの骨から構成される（図2.3）．意外にも距腿関節のアライメントやキネマティクスについての研究は十分とはいえず，そのマルアライメントに関する評価法も未確立といわざるをえない．その原因として，距腿関節と距骨下関節とが接近しており，体表マーカーではこれら個々の運動を分析することが実質不可能であることが挙げられる．体表からの観察によると，足関節のマルアライ

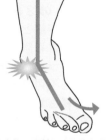

図2.1　足関節内反捻挫

足関節底屈＋内旋＋回外により生じることが多い．内反捻挫はスポーツ外傷の中で最も高頻度に発生し，再発率も高いとされている．

図2.2　足関節外反捻挫

足関節背屈＋外旋＋回内により生じることが多い．サッカーやラグビーなどといったコンタクトスポーツ中の発生率が高いことが特徴である．

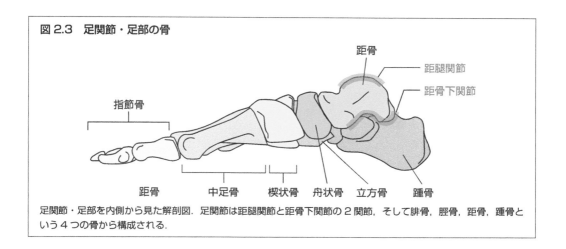

図 2.3　足関節・足部の骨

指節骨

距骨

距腿関節

距骨下関節

距骨　　中足骨　　楔状骨　　舟状骨　立方骨　　踵骨

足関節・足部を内側から見た解剖図. 足関節は距腿関節と距骨下関節の 2 関節, そして腓骨, 脛骨, 距骨, 踵骨という 4 つの骨から構成される.

メントは距腿関節と距骨下関節に見られる. 距腿関節では, 主に底背屈に伴う水平面のマルアライメントが生じる. 具体的には, 背屈に伴う距骨前方・外旋偏位, 底屈に伴う距骨後方・内旋偏位が特徴的である. 一方, 距骨下関節は主に前額面の回内・回外マルアライメントに関与する. これらのマルアライメントが足関節周囲の種々の症状の原因となり, またその治癒または症状の寛解を阻害する因子となる. 以下, アスリートが訴える典型的な不調とマルアライメントとの関連性について具体例を挙げ, それらの解決法としてのリアライン・トレーニングを紹介する.

2.2　足関節の不調とマルアライメント

　足関節の不調によりスポーツ継続が困難になることは比較的少ないが, 不安定性や可動域制限などの機能低下は少なからずスポーツ活動に影響を及ぼす. トレーニングや保存療法は, 足関節外側靱帯損傷によって生じた不安定性そのものを改善できない. また, 底背屈に伴う距骨前後・内外旋の偏位は放置される例が多い. さらには, アキレス腱や下腿三頭筋の柔軟性低下（滑走不全）は, 背屈制限とともに距骨下関節や足底腱膜へのストレスを増強させる可能性がある. これらの問題を抱えたままスポーツ活動を継続している選手が多い.

　足関節の不調を理解するうえで, マルアライメント症候群（p. 2 序章図 1）とリアライン・トレーニングの概念図（p. 6 序章図 4）はたいへん有用である. マルアライメントは関節周囲の組織への過大なストレスをもたらし, その結果として疼痛, 組織損傷, 筋スパズム, 運動機能障害などの症状（結果因子）を引き起こす. この概念図を理解することにより, これらの症状とマルアライメントとの関連性が明確になり, マルアライメントをもたらした原因因子の解消に向けたプログラムを構築することが可能となる. 以下, 足関節の不調とマルアライメントとの関連性について具体例を共有する.

（1）しゃがみ込みができない（足首の前が詰まる）

　足関節背屈制限は，しゃがみ込み，フルスクワット，スタートダッシュなど荷重位での背屈可動域制限の原因となる．その結果として，足首の前の詰まり（距腿関節前方のインピンジメント），アキレス腱症（アキレス腱の矢状面上のカーブによるアキレス腱へのストレス増大），踵周囲の痛み（アキレス腱の柔軟性低下がもたらす距骨下関節へのストレス増大），足底腱膜炎（荷重位での踵骨底屈にある足底腱膜へのストレス増大），などの2次的な障害が引き起こされる可能性がある．さらには，重心を落としたアスレティックポジションにおいて，背屈制限に伴う下腿前傾の不足は，体幹前傾の増大による代償を招きやすく，腰部へのストレスを増大させる可能性もある．また，距腿関節の内側に拘縮がある状態で中間位での背屈を繰り返すことにより，距骨が内果に衝突して内果疲労骨折や骨軟骨損傷を起こす可能性もある．

　上記のような問題を引き起こす背屈制限は，しばしば距腿関節における距骨の前方・外旋偏位を伴う．このとき，単なる可動域回復だけでは不十分であり，マルアライメントの解消を含めた正常な背屈運動の回復が必須である．

（2）つま先立ちが不安定（足首が真っ直ぐに伸びない）

　足関節底屈可動域制限や底屈運動の異常は，足関節最大底屈位での立位やターンが頻繁に行われるバレエやダンス，最大底屈位でボールを蹴るサッカーなどにおいて問題となる．底屈可動域制限は，つま先立ち（底屈位での立位）そのものを困難にする．また他動底屈に伴う内返しの誘導は，つま先立ちでの足部外側荷重を促して母趾球荷重を困難にしたり，サッカーのインステップキックにおけるミートポイントを内側に移動させる，といった問題を引き起こす．足関節後方において，脛骨後突起のインピンジメントや長母趾屈筋腱の滑走不全や断裂が引き起こされる可能性もある．また，バレーボールのスパイク後や下り坂歩行・走行などにおける足関節内返し位での着地は内反捻挫発生のリスクの高い状態であり，できる限り中間位での接地を無意識に反復できる状態が望ましい．

　アスリートの底屈制限に対する治療やトレーニングにおいて，単なる底屈可動域の回復のみでは不十分である．後方の詰まり感の解消を含めて，母趾球荷重が継続できるようなマルアライメントの解消された完全な底屈可動域の回復が必須となる．

（3）歩行・走行中の外側荷重

　歩行や走行における外側荷重は，足関節捻挫後にしばしば認められる．外側荷重の習慣化は，足関節捻挫の再発予防という観点で重要であるだけでなく，スポーツ動作そのものにも悪影響を及ぼしかねない．これは，外側靱帯損傷に伴う後足部回外不安定性に起因すると考えられている．それに加え，足関節内側の広範囲な拘縮，腓骨筋や長趾伸筋といった回内筋の筋力低下が関与する場合がある．さらには，つま先を正面に向けようとした歩行や走行において，膝関節における下腿外旋，距腿関節における距骨外旋はいずれも距骨下関節の内旋・回外を惹起する．

　外側荷重への対策として，母趾球荷重を求めるアスリートは膝を内側に向けた knee-in によって母趾球荷重を実現しようとする．このような代償的な knee-in は，バスケットボールなどのアスレティックポジションやスキージャンプの助走，着地動作などで生じることになり，2次的な下肢外傷の原因となりかねない．

　このような外側荷重に対して，膝関節および距腿関節の回旋アライメントの正常化，足関節内

側の滑走性改善，足関節回内筋の強化といった対策により，無意識の歩行，走行，スクワット，着地などにおける knee-in を伴わない母趾球荷重の回復を目指す．なお，ここでいう「母趾球荷重」とは母趾球のみに荷重することではなく，前足部の横アーチの形成による母趾球と小趾球に荷重が適度に分散した状態を指しており，その詳細は次章にて解説する．

（4）足首を捻りやすい

スポーツ活動中だけでなく歩行中など日常生活においてもしばしば足関節を捻る経験のあるアスリートは多い．その多くは慢性足関節不安定症（CAI）と呼ばれる状態であり，前述の外側荷重での動作習慣が関与していると推測される．足首を捻りやすい状態に陥る明確な原因はわかっていないが，その対策として十分に足関節可動域を回復させたうえで，母趾球荷重での動作習慣を再獲得することが不可欠である．

（5）膝が内側に入る（knee-in）

着地やストップ動作における knee-in は膝 ACL 損傷をはじめとする種々のスポーツ外傷の原因となりうる[5]．その原因の1つに，距腿関節における背屈位距骨外旋アライメントが挙げられる．足部が地面に固定される荷重位において，距骨外旋アライメントは足部に対する脛骨の内旋を招き，knee-in が誘導される．

膝が内側に入る knee-in を修正するためには，距腿関節における距骨前方・外旋偏位アライメントと膝関節における下腿外旋アライメントをともに修正すること，股関節外旋筋・外転筋の強化による股関節内旋の制動，体幹の安定性などが求められる．

（6）アキレス腱の痛みがとれない

アキレス腱は種々の原因で柔軟性を失い，痛みを発しやすい状態となる．実際のところ，運動時痛がなくても，圧痛を訴えるアスリートは多い．いったん，アキレス腱症が発症すると，アキレス腱および下腿三頭筋の柔軟性を十分に回復させない限り疼痛は持続し，慢性化しやすい．

アキレス腱へのストレスは，足関節背屈強制に伴う伸張ストレスに加え，踵骨回内・回外アライメントによる前額面上の腱の弯曲，そして背屈に伴うアキレス腱停止部の前方移動に伴う矢状面上の腱の弯曲などの影響を受ける．また，アキレス腱とアキレス腱滑液包や腱前方の脂肪組織との癒着や長母趾屈筋腱との滑走不全などによって，腱そのものの硬化が進む．以上に対して，マルアライメント症候群の概念を適用し，原因因子と結果因子の両方の治療を確実に行うことが求められる．

（7）歩行時に踵の両側に痛みが生じる

歩行の踵接地から踵離地にかけて，踵骨の両側に痛みが生じるとともに，下腿三頭筋の強い緊張が生じる場合がある．これは距骨下関節の不安定症によって引き起こされた症状である可能性がある．足関節後方にも疼痛が生じるが，底屈可動域の最終域ではなく，踵離地のような中間域で疼痛が生じるのが特徴である．また，慢性化しやすく，医療機関を受診しても数か月間にわたって症状が改善しない場合もあるため，アスリートの競技生活に多大な影響を及ぼす病態である．

これに対して，下腿三頭筋とアキレス腱の滑走性を十分に改善して柔軟性を回復させるとともに距腿関節の背屈位アライメントを正常化して非荷重位での背屈可動域を十分に回復させる必要

がある．さらに，荷重位での距骨に対する踵骨底屈を制動するためのテーピングや，踵骨底屈を防ぐ立方骨支持インソールを使用しつつ，スクワットや歩行における正常な距腿関節の背屈運動を回復させていくことが必要となる．

　以上のように，足関節のマルアライメントと運動の異常はスポーツ動作に影響を及ぼすとともに，種々の外傷・障害発生の原因となりうる．背屈に伴う距骨前方・外旋偏位アライメントは既往歴の有無にかかわらず高頻度に認められるが，それを正常とみなすべきではない．これをマルアライメントと捉え，結果因子として生じる種々の症状や病態を確実に見極めることが重要である．さらに，その解決には，このマルアライメントの原因因子を確実に解決することが必須である．

2.3 スポーツパフォーマンス向上に必要な足関節機能

　前節で述べた足関節のマルアライメントに基づく不調に対して，正常な足関節アライメントとキネマティクスを確保したうえで，十分な可動域を取り戻すことが不可欠である．そのうえで，十分な筋機能の回復や疼痛消失が求められる．以下では，正常な足関節を再獲得させるために必要な知識を整理する．

A. 足関節のマルアライメント

　足関節のアライメントを把握するうえで，距腿関節と距骨下関節それぞれが6自由度の可動性を有することを考慮した評価が必要である．それぞれの関節について，矢状面，前額面，水平面に分けて観察することにより3次元的な骨の配列を把握する．また，マルアライメントの影響が出現しやすいのは可動域の最終域であることを踏まえ，最大背屈位および最大底屈位のアライメントに注目する．

（1）距骨下関節マルアライメント

　通常，距骨下関節の静的アライメントの評価は，両脚立位の後足部の観察によって行われる（図2.4a）．距骨下関節の回内は，足部内側縦アーチの降下を併発しやすいマルアライメントであり，扁平足に関連のある種々の慢性外傷の危険因子として知られている．その多くは距骨下関節内側の不安定性によって起こり，後足部回内可動域の増大を伴う（図2.4b）．一方，距骨下関節回外は立脚期の荷重中心の外方偏位を招くことから，足関節内反捻挫の危険因子と考えられている．回外足には外側靱帯の不安定性に加え，足関節後内側部の拘縮による回内可動性の制限が関与する（図2.4c）．したがって，回内足に対しては不安定性対策が，回外足に対しては拘縮対策と不安定性対策の両者が必要となる．

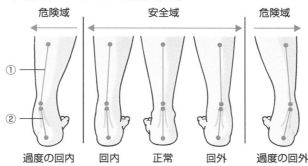

図2.4　後足部アライメントと足部アーチ

a）後足部アライメントの評価（右足）

危険域　　　安全域　　　危険域

過度の回内　回内　正常　回外　過度の回外

①下腿中央からアキレス腱中心部までの軸と，②アキレス腱中心部から踵骨中心部までの軸により角度が決まる．
①と②のなす角度により回内足，回外足を定義する．

b）扁平足のアライメント

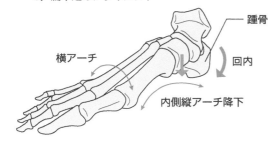

踵骨
横アーチ
回内
内側縦アーチ降下

c）足関節後内側部の拘縮

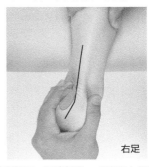

右足

b）距骨下関節の内側が不安定となると踵骨回内が生じる．結果として内側縦アーチが降下し，扁平足となる．
c）足関節後内足部の拘縮（楕円部分）によって生じた回外足では，回内制限を伴う．外側靭帯の不安定性を伴う
例もある．

　後足部アライメントは，距腿関節およびショパール関節（図2.5a）を介して，下腿や足部のア
ライメントの影響を受ける．後足部回内とショパール関節外転の組み合わせは，典型的な扁平足
に見られる（図2.5b）．これに対して，後足部回外とショパール関節内転の組み合わせは，ハイアー
チの足に特徴的である（図2.5c）．これらの特徴を踏まえ，後足部のマルアライメントを修正す
るうえでは，中足部と後足部の運動連鎖を考慮したインソールが有用である．一方，後足部アラ
イメントは距腿関節の可動域制限の影響を強く受ける．具体的には，距腿関節の背屈制限下での
下腿前傾により，距骨が底屈方向に押し込まれ，距骨下関節回内・ショパール関節外転が強制さ
れる場合がある（図2.5d）．このような下腿からの影響を排除するため，距腿関節の十分な可動
域獲得が必要となる．

　以上のような距骨下関節のマルアライメントは，種々のスポーツ外傷の原因となるとともに，
足部や距腿関節の運動やスポーツパフォーマンスに悪影響を及ぼす可能性がある．このため，で
きる限り中間位に近い状態に踵骨を保持することが望ましい．リアライン・コンセプトに基づき，
不安定性に対してはインソールなどのリアライン・デバイス，滑走不全（拘縮）に対しては組織
間リリース（ISR）を用いてマルアライメントの改善を図る（p.3　序章図2）．回外足における足

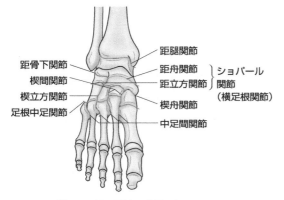

図2.5　後足部とショパール関節のアライメントの関連性

a）ショパール関節

距骨下関節
楔間関節
楔立方関節
足根中足関節

距腿関節
距舟関節 〕ショパール
距立方関節 〉関節
楔関節 （横足根関節）
楔舟関節
中足間関節

（右足，距腿関節の底屈位）

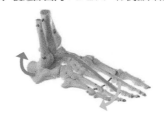

b）後足部回内＋ショパール関節外転

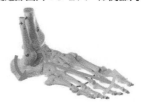

c）後足部回外＋ショパール関節内転

d）下腿前傾時の距骨下関節回内・ショパール関節外転

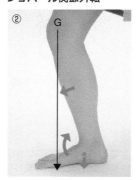

a）足の関節
b）後足部回内・ショパール関節外転の組み合わせは，足部に対して下腿を内旋させ下腿前傾時に knee-in を生じ
　させる．
c）後足部回外・ショパール関節内転の組み合わせは，ハイアーチを生じ，足部に対して下腿は外旋する．
d）距腿関節の背屈制限のある足関節において，重心（G）の前方移動を伴う背屈強制時に舟状骨（赤丸）は降下し，
　同時に距骨底屈，距骨下関節回内，ショパール関節外転が強制される．

関節内側の滑走不全は組織間リリースによって解決可能であるのに対し，外側靱帯損傷による回外不安定性に対してはインソールやテーピングにより制動を図る必要がある．一方，回内足に対しては，踵骨を中間位に保持しつつ，ショパール関節外転の制動に効果的な立方骨支持インソールを使用する．

（2）距腿関節背屈位のマルアライメント

① アライメントの評価

　距腿関節の矢状面上の運動については，矢状面上のレントゲンまたは透視 X 線画像による分析が有用である．正常な背屈において，距骨滑車は脛骨に対して後方に滑り込み，距骨後突起は脛骨の後縁よりも後方に位置する．これに対して，一度拘縮を経験した関節では，背屈運動にお

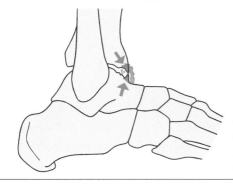

図2.6　Footballer's Ankle（前方インピンジメント）

背屈時に前方の軟部組織のインピンジメントが生じる
病態は，サッカー選手に多いことから Footballer's
Ankle と呼ばれる．インピンジメントは将来的に骨棘
へと進行するとされている．

図2.7　舟状骨結節-内果間距離

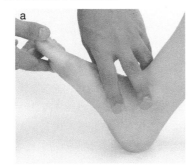
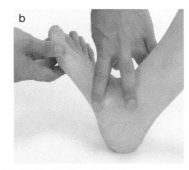

a) 正常：最大背屈時の舟状骨結節-内果間距離は足長の 10 ～ 15%（約 3 cm）となる．
b) 異常：距骨滑車の後方への滑走制限により，足長の 20%（約 5 cm）となる．

ける距骨の後方への滑り込みが不十分となり，前方のインピンジメント[4]および関節前方の骨棘
（フットボーラーズアンクル[9]）を引き起こすと考えられている（図2.6）．

　距骨の回旋アライメントについて記載された論文はほとんど見当たらず，その異常がもたらす
2次的障害についても未解明の点が多い．筆者らは，背屈時の舟状骨結節-内果間距離（NMMD）
の測定により，距骨滑車内側の後方への滑走状態を評価している（図2.7a）．矢状面で舟状骨結
節はほぼ距骨頭と重なる位置にあることから，舟状骨結節と内果の距離は，距骨頭と脛骨との距
離を反映する．正常な背屈では，この距離が足長の 10 ～ 15% であるのに対し，距骨滑車内側の
拘縮を認める足ではこの距離が足長の 20% 程度になる．足長が 25 cm の足において，NMMD の
正常値は 3 cm 程度（図2.7a）であり，それ以上の場合は異常と判断する（図2.7b）．

　足関節外傷後のリハビリテーションにおいて，NMMD の正常化を含めた正常な背屈運動の回
復が望まれる．本書では，この距骨前方・外旋偏位アライメントを「**背屈位距骨外旋アライメン
ト**」，その原因となる内果周辺の軟部組織間の滑走不全を「**距腿関節内側拘縮**」と呼ぶことにする．
背屈位距骨外旋アライメントは，外傷後だけではなく，既往歴のない正常足関節においても高頻
度に認められる．

② 背屈位距骨外旋アライメント

【原因】

　背屈位距骨外旋アライメントの原因として，乳幼児期からの背屈時距骨外旋位での姿勢・動作習慣や，アキレス腱や下腿三頭筋の柔軟性低下による背屈制限，シンスプリントの既往歴による脛骨内側遠位部の皮下組織の滑走不全などが推測される．背屈位距骨外旋アライメントは，膝関節における下腿外旋アライメントと同一の姿勢や動作によって引き起こされると考えられる．具体的には，とんび座り（ぺちゃんこ座り），乳児の這い這い（特に滑り台の斜面を上る際），膝を内側に接近させるような膝外反を伴うスクワット動作やしゃがみ込みなどが挙げられる．また，足関節捻挫など，下肢外傷後の跛行が膝関節における下腿外旋および距腿関節における距骨外旋を増強させる場合もある．

【アライメントの改善がもたらすもの】

　背屈位距骨外旋アライメントは，距腿関節の適合性異常であり，可動域や筋機能を含めた足関節の機能低下の原因となる．背屈位距骨外旋アライメントの改善は，下記に挙げるような種々の機能低下や諸症状の軽減・解消に有効である．

1） 背屈位距骨外旋アライメントに伴う距骨前方偏位は，足関節をまたぐ伸筋群と屈筋群，腓骨筋群の停止部の前方偏位を引き起こし，これらの筋群の過緊張を招き，さらに背屈制限を増強させる（図2.8）．また，距骨外旋は後脛骨筋など屈筋群の緊張を強め，後脛骨筋腱炎や外脛骨障害の一因となる可能性がある．距骨下関節回内は，これらの筋群へのストレスをさらに強める．距骨内側の後方への滑り込みが改善して正常な背屈アライメントが得られることにより，これらの筋群の緊張は一様に軽減される．

2） 背屈位における距骨の前方偏位は，前距腓靱帯を伸張位に保つ．これにより，足関節内反捻挫後にこの靱帯の正常な修復を阻害される可能性がある．一方，マルアライメントの解消により，急性期であっても，前距腓靱帯へのストレス軽減により，その疼痛は劇的に軽減される．

3） 距骨滑車の後方への滑走制限は距腿関節の適合性異常を招き，最大背屈位での骨性安定性の低下をきたす．筆者は，徒手的に距腿関節背屈位での内旋を誘導し，骨性の安定性の有無を判定する Mortise test を提唱している（図2.9）．背屈位で骨性の安定性が得られている場合は，

図2.8　背屈位における距骨前方偏位

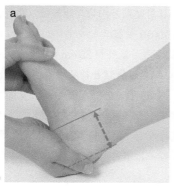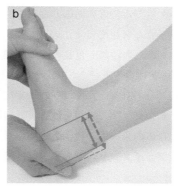

内果からアキレス腱までの距離は，中間位（a）から背屈位（b）にかけて縮小する．これは踵骨の前方移動と距骨滑車の後方への滑走の制限により起こる．

図2.9　Mortise test

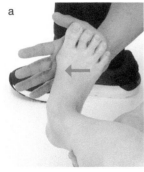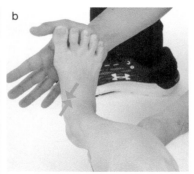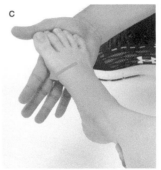

a　　　　　　　　　b　　　　　　　　　c

a）距腿関節背屈位を保持した状態から足部を他動的に内旋方向に誘導した際の骨性の制動の有無を評価する．
b）骨性の制動を感じ，内旋が硬い終止感によって止まる場合に正常と判断する．
c）骨性の安定性は感じられず急な内返しが生じる場合を異常（陽性）とする．

図2.10　距骨下関節回内による脛腓間離開

外反捻挫で受傷時に距骨下関節が回内すると，距骨が外旋し，脛腓間を離開させるストレスが生じる．

図2.11　距骨下関節回外による内果の骨軟骨損傷

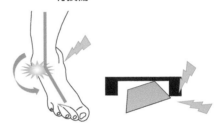

内反捻挫で受傷時に距骨下関節が回外すると，距骨が内果とぶつかり骨挫傷を招く可能性がある．

母趾球を押して背屈強制しつつ内旋方向に足部を誘導した際に骨性の制動を感じる．一方，距腿関節内側拘縮があると，足部を内旋方向に誘導した際に骨性の制動が感じられず，急な回外が生じる．これを「背屈位動揺性（unstable mortise）」と呼び，これが認められる状態をMortise test 陽性とする．このような適合性不良に伴う背屈位動揺性が，踵接地など足関節背屈位における足関節捻挫（または giving-way）の一因となる可能性がある．

4）距骨前方・外旋偏位のマルアライメントを呈する足関節において，しゃがみ込みやフルスクワットなどによる背屈強制は距腿関節前面のインピンジメントを誘発しやすい．これは可動域制限，疼痛，骨棘形成，腫脹などを招く．さらに，距骨下関節回内はショパール関節外転を伴って距骨外旋を増強させ，脛腓間離開ストレスを増強させる（図2.10）．一方，距骨下関節回外は距腿関節内側へのストレス増強の原因となり，内果疲労骨折やその周囲の骨軟骨損傷を引き起こす可能性がある（図2.11）．背屈位距骨外旋アライメントの解消により，背屈制限および背屈時の前方の詰まりは解消される場合が多い．

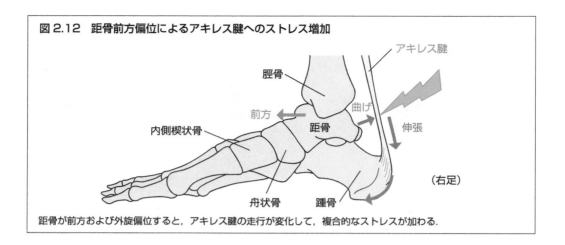

図2.12 距骨前方偏位によるアキレス腱へのストレス増加

アキレス腱
脛骨
前方
曲げ
伸張
距骨
内側楔状骨
舟状骨
踵骨
（右足）

距骨が前方および外旋偏位すると，アキレス腱の走行が変化して，複合的なストレスが加わる．

図2.13 膝動的外反【knee-in】

前十字靱帯損傷において解消すべき動作として考えられている膝動的外反についても，足関節背屈位での距骨外旋アライメントが関与している可能性がある．

5）距骨前方・外旋偏位のマルアライメントにおける背屈運動により，アキレス腱停止部は脛骨に対して前方に移動しやすくなる．これにより，アキレス腱は矢状面で後ろに凸の弯曲を描き，伸張と曲げという複合的なストレスにさらされると考えられる（図2.12）．背屈位距骨外旋アライメントの解消により，アキレス腱は直線状となって，伸張ストレスのみにさらされる正常な状態に戻る．

6）背屈位距骨外旋アライメントは，荷重位において，足部に対する下腿の内旋を招き，スクワットや着地における動的膝外反（knee-in）の原因となる（図2.13）．すなわち，**背屈位距骨外旋アライメント**は，knee-in に関連するすべてのスポーツ外傷の原因となりうる．このため，下肢のグローバル・リアラインを開始する前にこれを解決しておくことが望ましい．

（3）距腿関節底屈位のマルアライメント

① 背景

正常な底屈において，距骨滑車は脛骨に対して前方に滑り出る．これに対し，拘縮後の底屈で

図 2.14　距腿関節底屈時の距骨後突起の衝突

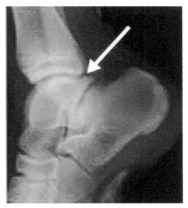

拘縮後の底屈において，距骨滑車の前方への滑り運動が不十分となり，距骨後突起と脛骨後果とのインピンジメント（⇧）と痛み（距骨後突起障害）を生じる場合がある.

図 2.15　正常な底屈の可動域と足関節内側部の滑走不全の影響

a）正常な底屈アライメント　　　　　b）底屈に伴う足部内旋

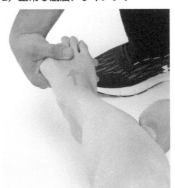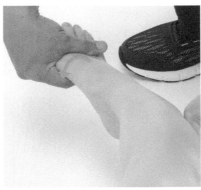

a）距骨下関節の関与のない距腿関節の他動底屈では，中間位あるいは軽度外旋位で最大底屈位に到達する.
b）伸筋支帯周囲および前脛骨筋腱に沿った距腿関節前内側部の滑走不全が存在すると，底屈に伴い足部が内旋し，底屈位距骨内旋アライメントとなる.

は，距骨滑車の前方への滑り運動が不十分となり，距骨後突起と脛骨との衝突が生じやすくなると推測される（図 2.14）．また，距骨滑車の前方への滑り運動の制限が内側に起こると，底屈位において内返しを呈する.

　距骨滑車後部の幅は前部よりも狭く，後部が脛腓天蓋に接触する底屈位においては骨性の安定性に乏しく，その逆に可動性が保たれている．距骨下関節の関与のない距腿関節の他動底屈では，中間位あるいは軽度外旋位で最大底屈位に到達できなければならない（図 2.15a）．ところが，距骨頭または舟状骨を把持して他動底屈させると，底屈に伴って足部の内旋が誘導される（図 2.15b）．その原因として，伸筋支帯周囲および前脛骨筋腱に沿った距腿関節前内側部の滑走不全が挙げられる．これを**底屈位距骨内旋アライメント**と呼ぶ.

底屈位距骨内旋アライメントもまた，正常な足関節においても高頻度に見られるマルアライメントである．その結果，以下のような問題が併発する．逆に，底屈位距骨内旋アライメントの改善は，下記に挙げるような種々の機能低下や諸症状の軽減・解消に貢献する．

1） 底屈位距骨内旋アライメントは，距骨滑車の前方への滑り運動の制限を伴うため，最大底屈位における後突起のインピンジメントを伴いやすい．クラシックバレエ，水泳，サッカーなどで最大底屈位での運動を繰り返すことにより疼痛が出現する．これに対して，距骨の正常な前方への滑り運動を回復させることにより，中間位での最大底屈位が獲得されるとともに，最大底屈位における後方インピンジメントが解消される．

2） 底屈位距骨内旋アライメントは，正常な中間位での底屈位よりも前距腓靭帯を伸張させる可能性がある（図2.16）．これにより，足関節捻挫後の疼痛消失の遅延，あるいは伸張位での靭帯の治癒を招く可能性がある．これらに対して，正常な距骨滑車の前方への滑り運動の獲得が望まれる．

3） 非荷重位での底屈位距骨内旋アライメントは，つま先立ちなど荷重下での底屈位において外側荷重を招く．これはダンスの底屈位でのターンなどにおいて，足底のピボットポイントの外方偏位を招き，ターンの不安定化を招く可能性がある．また，ジャンプの着地において，中間位ではなく内返し位での着地となり，内反捻挫のリスクを高める．さらにサッカーのインステップキックでは，インパクトにおける足部内旋によってミートポイントのズレを作る可能性がある．これらの問題はすべて中間位での他動底屈可動域の獲得によって改善される．

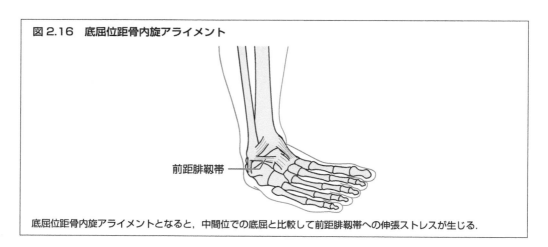

図2.16　底屈位距骨内旋アライメント

前距腓靭帯

底屈位距骨内旋アライメントとなると，中間位での底屈と比較して前距腓靭帯への伸張ストレスが生じる．

B．不安定性

足関節には，捻挫に伴う靭帯損傷により不安定性が生じる．保存療法やトレーニングでは不安定性を改善することはできないが，組織間の滑走性を改善することにより，マルアライメントの改善は十分に可能である．理想的な足関節アライメントと正常な関節運動の獲得により，不安定性の影響を最小限に抑えることが望ましい．

（1）距骨下関節不安定症

距骨下関節の不安定性（図 2.17）は，踵接地時または踵離地時に後足部に強い疼痛を引き起こす．踵接地における踵骨回内，踵離地時の下腿三頭筋の活動による踵骨底屈（あるいは回外）など，距骨下関節の運動が過大となっている可能性がある．さらに，防御的な下腿三頭筋のスパズムにより，距腿関節の背屈制限と距骨下関節における踵骨底屈が強制されて悪循環から脱しにくい状態となる．これに対して，下腿三頭筋およびアキレス腱の滑走性を十分に改善すること，次に距腿関節内側拘縮を十分に改善することが必要である．そのうえで，距骨に対する踵骨底屈および回・内外を防ぐテーピングやインソールにより距骨下関節の異常運動を制動しつつ，徐々にスクワットや歩行等の荷重位における正常な足関節背屈を学習させる．

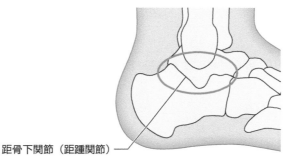

図 2.17　距骨下関節不安定症

距骨下関節（距踵関節）

距骨下関節は，距骨と踵骨によって構成される関節．これが不安定になると，距骨に対する踵骨回内や底屈が起こり，痛みや不安定感を引き起こす．

（2）足関節外側靱帯損傷

足関節内反捻挫によって起こる前距腓靱帯や踵腓靱帯の損傷は，内反不安定性の増強をもたらし，内反捻挫再発のリスクを高める．これに対して，底屈位距骨内旋アライメントと背屈位距骨外旋アライメントの改善，そして歩行時の母趾球荷重の習慣化，背屈位動揺性の消失などによって再発リスクはある程度低下させることが可能と考えられる．これらの対策を十分に行ったうえで，テーピングやインソールといったリアライン・デバイスによって不安定性による異常運動を制動する．

（3）遠位前脛腓靱帯損傷

遠位前脛腓靱帯損傷は，下腿外側への外力による足関節外反・外旋強制により起こる．これに背屈位脛骨外旋アライメントや距骨下関節回内アライメントが合併すると，荷重時の脛腓間離開ストレスがさらに増強すると推測される（図 2.18）．これらに対して，距腿関節および距骨下関節のマルアライメントの改善によって脛腓関節開大ストレスを最小限とし，そのうえでテーピングや装具を用いて脛腓関節開大を制動する．

（4）三角靱帯損傷・バネ靱帯損傷

足関節外反強制による三角靱帯損傷やバネ靱帯損傷は，後足部回内およびショパール関節外転，

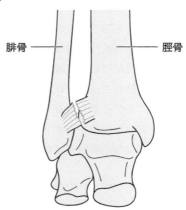

図2.18　遠位前脛腓靱帯損傷

腓骨　　　　　　脛骨

遠位脛腓靱帯は脛骨と腓骨を結ぶ靱帯であり，その損傷は脛腓間を離開させ，距腿関節の不安定性を招く．

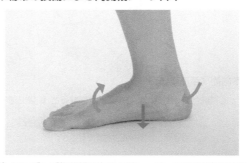

図2.19　三角靱帯・バネ靱帯の損傷による内側縦アーチ降下

内側縦アーチの降下（扁平足）はしばしば後足部回内およびショパール関節外転位を伴う．

そして内側縦アーチの降下を招く可能性がある（図2.19）．これに対して距腿関節の正常な背屈運動を獲得したうえで，インソールやテーピングを用いて異常運動を制動する．

C. キネマティクス

　足関節の中間域の運動は，最大底屈位と最大背屈位のアライメントの影響を強く受ける．両者が正常であれば，その間のキネマティクスも正常になるのに対し，両者に異常があればその間のキネマティクスも異常である可能性が高い．また，痛みを含む結果因子の多くは，最大背屈位と最大底屈位において表出することが多い．このため，最大底屈および最大背屈位において正常なアライメントを獲得し，正常なキネマティクスを獲得したうえで，足関節のトレーニングを進めることが望ましい．

D. 軟部組織の滑走性と正常可動域

　足関節の可動域制限やマルアライメントの原因として，関節周囲の軟部組織の滑走不全が挙げ

られる．特に，正常な背屈運動に必要な距骨内側の後方への滑走性と，正常な底屈運動に必要な距骨内側の前方への滑走性の改善が不可欠である．その最大の原因となるのは皮下組織の滑走不全であり，これは足関節周囲全体にわたって起こりうる．また，アキレス腱・下腿三頭筋と深部屈筋群との間の滑走不全，アキレス腱停止部・屈筋支帯停止部付近に存在するアキレス腱滑液包の癒着，アキレス腱とその前方にある脂肪組織との癒着，前脛骨筋腱周囲や伸筋支帯周囲の滑走不全などが，距腿関節のマルアライメントの主たる原因となっている．また，三角靱帯周辺の滑走不全は距骨下関節回外アライメントの原因となる．

皮下組織，筋間，伸筋支帯，屈筋支帯周囲の滑走不全や滑液包の癒着といった軟部組織間の滑走不全は，いったん形成されるとトレーニングやストレッチによって改善されない．いったん滑走不全が形成されると，静的ストレッチなどの効果が得られにくくなり，元通りの柔軟性の最獲得は困難となる．これらに対して，組織間の滑走性を改善する組織間リリース（ISR）が効果を発揮する．

E．十分な筋機能（筋力）

足関節周囲の筋には，足部を介して地面を押すための底屈筋群，踵接地からのヒールロッカーに必要な背屈筋力，そして足関節の回内外や内外旋アライメントを制御する腓骨筋群や深部屈筋群などがある．これらの筋機能を低下させる原因として，筋・腱の滑走性の低下，背屈に伴う距骨前方偏位（後方への滑り運動の制限）による筋群の伸張，不安定性などが挙げられる．滑走不全とアライメントを改善し，正常なアライメントを獲得することにより，正常な筋力発揮の前提となる関節の適合性が再獲得される．

下腿三頭筋の筋力発揮を制限する因子として，それを取り囲む皮下組織の滑走不全のほか，近位部では鵞足滑液包による鵞足・内側ハムストリングスと腓腹筋内側頭との滑走不全，腓腹筋外側頭と大腿二頭筋や腓骨筋群との滑走不全，ヒラメ筋と深部屈筋群や脛骨内側縁との滑走不全，そしてアキレス腱とその前方の脂肪組織との癒着などが挙げられる（図2.20）．特に一度機能低下や筋力低下に陥った場合は，筋力強化を図る前にこれらの問題を解決し，正常な筋の短縮と伸張に必要な筋・腱の滑走性を十分に確保しておくことが望ましい．

図2.20　下腿三頭筋の筋力発揮を制限する滑走不全

下腿三頭筋の筋力発揮を制限する因子として，腓腹筋内外側頭と大腿二頭筋，腓腹筋内側頭と半膜様筋，鵞足部，ヒラメ筋と深部屈筋群，アキレス腱とKager脂肪体などの滑走不全が挙げられる．

足関節周囲には皮下組織と接する靱帯が多数存在する．前脛腓靱帯や三角靱帯の損傷後の治癒過程で皮下組織との癒着が生じると，その後2〜3か月間経過しても疼痛が残存する場合がある．このような滑走不全や癒着に基づく軟部組織の疼痛は，足関節周囲のあらゆる組織に起こりうる．マルアライメント症候群の概念に基づくと，まずアライメント，キネマティクス，可動域，筋の滑走性の正常化を図り，理想的なアライメントが得られてもなお疼痛が残存する場合は，結果因子に対する治療として疼痛を発している組織の滑走性を改善させるためのリリースを行う．それらの滑走性を十分に回復することで症状消失が得られることが多い．

2.4 足関節のリアライン・トレーニングの構成

　足関節のリアライン・トレーニングは，序章の図4（p.6）に記載した流れに沿って原則としてリアライン，スタビライズ，コーディネートの順に実施される．足関節のローカル・リアラインを進める際，距腿関節のリアラインを先行させて最大背屈位と最大底屈位の理想的なアライメントを獲得させ，そのうえで距骨下関節のマルアライメントが認められた場合には，内側の滑走性をマニュアル・リアラインによって改善し，不安定性の影響をリアライン・デバイスによって制動する．そのうえで，両者を組み合わせて筋機能によって良好なアライメントを保つことができるようにローカル・スタビライズを行う．

　グローバル・リアラインとグローバル・スタビライズは荷重位での下肢による複合関節運動によって進められるため，足関節と遠位の足部および近位の膝関節，股関節との連動が不可欠である．したがって，必要に応じて足関節以外の下肢関節のローカル・リアラインを進め，そのうえで下肢全体のグローバル・リアラインを進めることが望ましい．リアライン・バランスシューズ<膝関節用>（（株）GLAB社）（図1.11a）を用いることにより，下肢全体のグローバル・リアラインとグローバル・スタビライズを効率的に進めることが可能となる．また，距腿関節中間位での背屈位を保持しつつ，距骨下関節回内筋を選択的に強化するためにはリアライン・バランスシューズ<足関節用>（（株）GLAB社）（図2.21）が有用である．その後に，下肢と体幹の連動を意識したコーディネートを行うことにより，より確実性の高い手順で動作学習が進められる．

図 2.21　リアライン・バランスシューズ<足関節用>の概観

距腿関節中間位での背屈位を保持しつつ，距骨下関節回内筋を選択的に強化することができるデバイス．距骨下関節の運動軸に沿ってバランス軸が配置されている．

2.5　ローカル・リアライン

　足関節の**ローカル・リアライン**のゴールは，理想的な最大背屈位および最大底屈位の獲得と，その 2 肢位を結ぶ円滑な底背屈運動の獲得である．この理想的な底背屈運動の条件として，回旋（水平面）や内外反（前額面）のアライメントやキネマティクスも理想の状態でなければならない．第 2 のゴールとして，立位での距骨下関節を中間位に近づけることが挙げられる．回外足については内側の滑走不全・拘縮の解消のための組織間リリース（ISR）が，回内足についてはショパール関節外転不安定性および内側アーチの不安定性に対するインソールの活用が勧められる．以上のアライメントおよびキネマティクスを獲得したうえで，その運動を持続させるための筋活動パターンの学習（ローカル・スタビライズ）に進むのが望ましい．

A.　徒手療法（マニュアル・リアライン）

　足関節のローカル・リアラインにおいて，距腿関節およびアキレス腱周辺の皮膚および皮下脂肪の滑走性は不可欠である．また，皮下組織，支帯，腱，筋，骨膜など，あらゆる組織間に滑走不全が生じうる．正常なアライメントとキネマティクスを回復させるため，その回復を阻害する組織間の滑走不全をできる限り解消する．これら滑走不全を運動療法で解消させることはほぼ不可能であり，より確実性の高い方法として第 1 章で述べた**組織間リリース（ISR）**を用いる．

① 　距腿関節内側拘縮

　距腿関節内側拘縮に対し，最初に脛骨内側縁とアキレス腱上の皮下組織のリリースを行う．まず，内果の上方から約 10 cm 程度近位まで，脛骨内側縁上の皮膚をその深層の骨膜からリリースする（図 2.22a）．指先を皮下組織に滑り込ませた状態で足関節を他動的に最大背屈位させ，そ

図 2.22　距腿関節内側拘縮に対する皮下組織のリリース

a）脛骨内側縁の皮下組織リリース

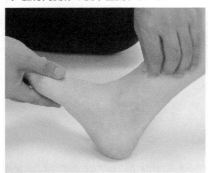

b）アキレス腱上の皮下組織リリース

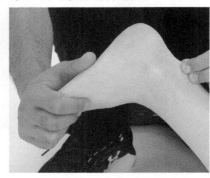

背屈に伴うアキレス腱と脛骨との距離を拡大するため，脛骨内側縁（a）とアキレス腱上（b）の皮下組織をリリースする．他動的に最大背屈位にした際に皮膚の緊張が増大しなければリリース完成とみなす．

の部位の皮膚の緊張が増大しなくなればその部位のリリース完成とみなし，次の部位に移動する．次に，同様の技術を用いてアキレス腱上（背側）の皮下組織をアキレス腱からリリースする（図2.22b）．踵骨のアキレス腱停止部付近から近位に10 cm 程度のリリースを行ったうえで，腓腹筋を覆う皮膚全体において，背屈の制限因子となりうる皮下組織の滑走不全を探索する．

② 下腿三頭筋滑走不全

アキレス腱・下腿三頭筋が十分短縮・伸張できるようにそれ自体の滑走性を改善する．まずアキレス腱前縁と癒着している皮下脂肪をアキレス腱からリリースする．アキレス腱を潰さないよう，慎重にアキレス腱とその前の脂肪組織との境界を指先で触知し，その間隙に指先を滑り込ませるようにリリースする（図2.23a）．脂肪組織とアキレス腱との滑走性が得られると，アキレス腱の本来の前後径（5 mm 程度）が明瞭に触知されるようになる．さらに，近位に移動して，下腿内側から脛骨内側縁・長趾屈筋とヒラメ筋との間（図2.23b）のリリースを，下腿外側から腓骨筋群やヒラメ筋と腓腹筋との間（図2.23c）のリリースを行う．さらに腓腹筋の柔軟性を改善

図 2.23　足関節背屈制限に対する下腿後面のリリース

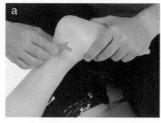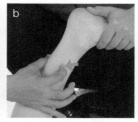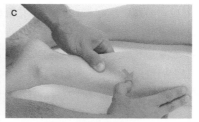

a）下腿三頭筋・アキレス腱周囲の滑走不全に対して，アキレス腱とその前方にある脂肪組織との間をリリースする．

b）脛骨内側縁・長趾屈筋とヒラメ筋の滑走不全に対して，下腿内側にて，脛骨内側縁・長趾屈筋とヒラメ筋との間をリリースする．

c）腓骨筋群やヒラメ筋と腓腹筋間の滑走不全に対して，下腿外側にて，腓骨筋群やヒラメ筋と腓腹筋との間をリリースする．

するため，腓腹筋内側頭と半腱様筋・半膜様筋間，腓腹筋外側頭と腓骨筋・大腿二頭筋，さらには腓腹筋と膝関節後方関節包との間のリリースを行う場合もある（第1章参照）．

③ 長母趾屈筋の滑走不全

長母趾屈筋腱はアキレス腱の前で，距骨後突起の内側から外側に向けて上行し，距腿関節裂隙の近位で腓骨筋と接する（図2.24a）．長母趾屈筋と腓骨筋との滑走不全は，背屈に伴う距骨の後方への滑走性を少なからず制限する．特にその影響は，アキレス腱断裂後や長期の臥床後など背屈可動域が−10°程度（中間位まで背屈できない状態）となったときに著明となる．背屈に伴い，距骨後突起が腓骨筋と長母趾屈筋との間に滑り出てくることを念頭において，この筋間のリリースを丁寧に行う．

具体的には，アキレス腱と外果の間で指先を矢状面に平行に前方に向けた状態とし，腓骨筋や長母趾屈筋を潰さないように注意しながら，これらの筋間に指先を滑り込ませる（図2.24b）．外果レベルから近位に5cm程度リリースすることにより，距骨後突起の後方移動を制限する状態から脱することができる．なお，このリリースは，足関節捻挫後などで腓骨筋の機能低下に対しても有効である．

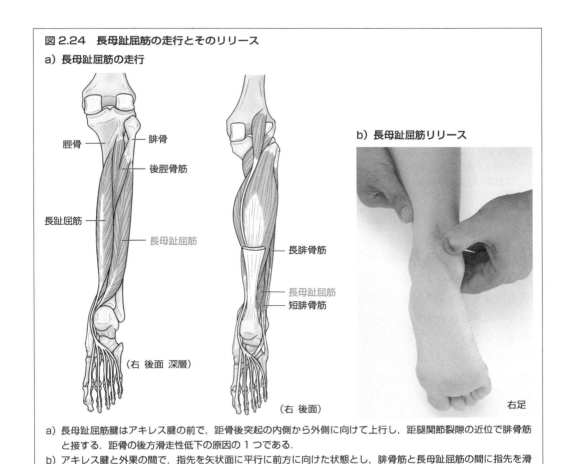

図2.24　長母趾屈筋の走行とそのリリース

a）長母趾屈筋の走行

脛骨

腓骨

後脛骨筋

長趾屈筋

長母趾屈筋

（右 後面 深層）

長腓骨筋

長母趾屈筋

短腓骨筋

（右 後面）

b）長母趾屈筋リリース

右足

a）長母趾屈筋腱はアキレス腱の前で，距骨後突起の内側から外側に向けて上行し，距腿関節裂隙の近位で腓骨筋と接する．距骨の後方滑走性低下の原因の1つである．

b）アキレス腱と外果の間で，指先を矢状面に平行に前方に向けた状態とし，腓骨筋と長母趾屈筋の間に指先を滑り込ませる．

図 2.25　屈筋支帯のリリース

a）屈筋支帯

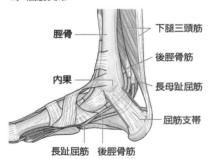

脛骨

内果

下腿三頭筋

後脛骨筋

長母趾屈筋

屈筋支帯

長趾屈筋　後脛骨筋

b）内果後下方の皮下組織リリース

c）屈筋支帯リリース

d）屈筋支帯-アキレス腱リリース

a）屈筋支帯は内果の後下縁から踵骨構内側部に位置し，後脛骨筋・長趾屈筋・長母趾屈筋腱を保持する．厚さは約 1.0 mm 程度．
b）内果後下方の皮膚をつまむようにして，最大背屈または距骨下関節回内によって皮膚が緊張しない状態を目標とする．
c）屈筋支帯を後方から前方に向かってめくるようにしつつ足関節を背屈させ，最大背屈位に到達するまで屈筋支帯の深層で屈筋腱の滑走性を確保する．
d）アキレス腱と屈筋支帯との間において，アキレス腱を後方に向けてリリースする．これによって，背屈に伴う両者間の緊張の伝達が解消される．

④　屈筋支帯の滑走不全

　屈筋支帯は内果の後下縁から踵骨後内側部に位置し，後脛骨筋腱・長趾屈筋腱・長母趾屈筋腱を保持している（図 2.25a）．この屈筋支帯が距腿関節内側拘縮の一因となっている場合がある．屈筋支帯は表層の皮膚あるいは深層の屈筋腱と滑走不全を起こす可能性がある．また，屈筋支帯と踵骨後部滑液包を介したアキレス腱停止部との接近が，背屈に伴う距骨の後方への移動を制限する場合がある．

　皮下組織のリリースは，アキレス腱上の皮下組織のリリースと同様に行う．内果後下方の皮膚をつまむようにして，最大背屈または距骨下関節回内によって皮膚が緊張しない状態を確保する（図 2.25b）．次に，屈筋支帯を後方から前方にむかってめくるようにしつつ足関節を背屈させ，最大背屈位に到達するまで屈筋支帯の深層で屈筋腱の滑走性を確保する（図 2.25c）．最後に，アキレス腱と屈筋支帯との間に指先を滑り込ませ，背屈に伴う両者間の緊張の伝達を解消させる（図 2.25d）．

　扁平足などで母趾外転筋の緊張が強い場合に，母趾外転筋とその深層を通る長母趾屈筋との間

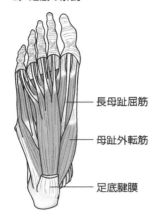

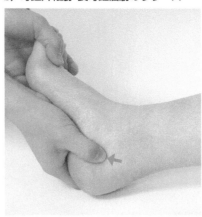

図 2.26　母趾外転筋-長母趾屈筋の滑走不全のリリース

　　　a）足底の解剖　　　　　　　　　　　　　b）母趾外転筋-長母趾屈筋のリリース

長母趾屈筋

母趾外転筋

足底腱膜

a）長母趾屈筋は母趾外転筋の深層を通る．扁平足など足部アライメントの治療において，これらの滑走不全を解
　消する必要がある．
b）母趾外転筋を長母趾屈筋からめくるようにリリースする．

で滑走不全を起こしている場合がある（図 2.26a）．その場合は，母趾外転筋を長母趾屈筋からめ
くるようにリリースを行う（図 2.26b）．

⑤　足関節前方の滑走不全
　底屈位距骨内旋アライメントの主要な原因とそして，主に内果の前方で，前脛骨筋腱に沿った
軟部組織間の滑走不全が挙げられる（図 2.27a）．まず，足関節前面の皮膚の可動性を十分に得る
ため，距骨内旋を伴わない最大底屈位において緊張する皮膚が触知できなくなるまで広範囲にリ
リースを行う（図 2.27b）．特に，伸筋支帯や前脛骨筋腱と皮膚との滑走性を十分に得ることに留
意する．次に，前脛骨筋腱を前方から後方にめくるように指先を滑り込ませ，底屈において必要
な関節包に対する前脛骨筋腱の後方への滑走性を確保する（図 2.27c）．さらに，上・下伸筋支帯
の深層で前脛骨筋・長母趾伸筋・長趾伸筋の腱が遠位方向に滑走するよう，伸筋支帯を遠位から
近位にめくるように指先をかけつつ，足関節を最大底屈させる（図 2.27d）．

⑥　筋の短縮方向の滑走不全
　下腿三頭筋は最大底屈位において，前脛骨筋など背屈筋群は最大背屈位において，それぞれ最
大限短縮する．筋の滑走不全は，筋の伸張と短縮の両方を阻害することを考慮し，これらの筋の
最大短縮を妨げるような滑走不全を解消する必要がある．筋腱移行部付近のヒラメ筋と深部屈筋
群，またはヒラメ筋と腓腹筋との滑走不全が下腿三頭筋の底屈筋力発揮を妨げる可能性がある．

図2.27　前脛骨筋腱周囲のリリース

a）下腿前面と足関節内側面の解剖

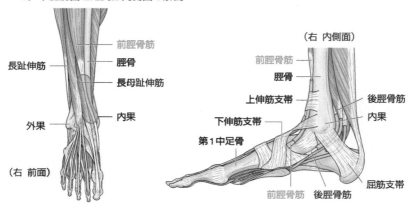

b）足関節前面の皮膚リリース

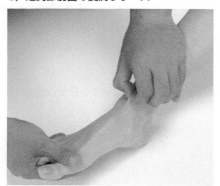

c）前脛骨筋・関節包間のリリース

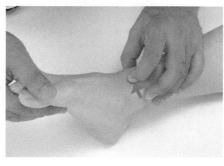

d）伸筋支帯のリリース

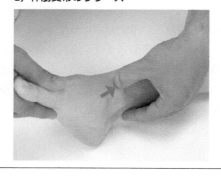

a）内果の前方で前脛骨筋腱に沿った軟部組織間の滑走不全が起こる場合がある.

b）距骨内旋を伴わない最大底屈位において緊張する皮膚の領域を特定し，皮下組織をリリースする．緊張が触知できなくなるまで広範囲にリリースを行う.

c）関節包に対する前脛骨筋腱の深層の滑走性を確保するため，前脛骨筋腱と関節包との間のリリースを行う.

d）上・下伸筋支帯の深層で前脛骨筋・長母趾伸筋・長趾伸筋の腱に対して，伸筋支帯を近位にリリースする.

B.　補装具療法（リアライン・デバイス）

（1）テーピング

　足関節に用いるリアライン・デバイスとしては，中間位での距腿関節背屈・底屈を誘導しつつ，距骨下関節回外を制動するテーピングが代表的である（図2.28）. その詳細は以下のとおりである.
①　内果と舟状骨の最突出部を前縁が通るテープ①は，足関節の運動軸の後方を通る．このため

図 2.28　足関節の理想的なアライメントを保持するためのテーピング法

a）サポートテープを貼り終えた状態（内側）　　b）サポートテープを貼り終えた状態（外側）

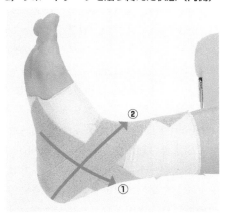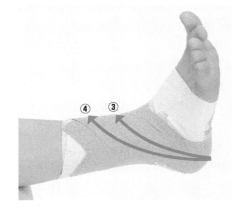

a）距骨内側を後方に押し込みつつ，内果の頂点の 2.5 cm 下方でテープの中央部が交差するように，2 本のサポートテープ①②を貼る．背屈に伴う距骨の後方滑りを改善し，ショパール関節内転，内側縦アーチの支持が得られる．

b）外果上およびその 2 cm 前方を通る 2 本のサポートテープ③④により，距骨下関節回外を制動する．

背屈位で緊張し，底屈位で弛む．背屈位に伴ってこのテープが舟状骨を頂点とする内側縦アーチを挙上させつつ，舟状骨結節を内果に接近させるように作用する．これにより，距骨内側の後方への滑り込みが促される．

② 踵骨後下部から内果最突出部の約 2 cm 下を通るテープ②は，前額面で回内を制動し，水平面で踵骨を外旋させるように作用する．これ単独では距骨外旋を促す作用を持つが，これとテープ①との組み合わせにより，外転位にあるショパール関節を水平面で中間位に誘導する．ショパール関節外転位にある扁平足に対してテープ①のみを使用すると，踵骨後部が外側に移動して踵骨内旋を伴うショパール関節外転となることから，テープ①とテープ②を組み合わせて使うことによって距腿関節，距骨下関節，ショパール関節を適切な位置関係に保つことが可能となる．

③④ 踵骨後下部から外果を通り下腿前面に至るテープ③およびテープ④は距骨下関節回外を制動する役割を果たす．これは，テープ①とテープ②によって距腿関節の正常な中間位での背屈運動を確保したうえで用いることにより，距腿関節のアライメントを乱すことなく距骨下関節の回外制動（すなわち内反捻挫予防）の役割を果たす．2 本のテープは 1 〜 2 cm ずらして貼るが，基本的な作用は同一である．

　腓骨外顆上 10 cm の位置から第 5 中足骨頭に至るテープを追加する場合がある．これは，底屈に伴う距骨内旋，足関節内返しを制動する．これが関節中間位において緊張すると第 5 中足骨を挙上させて外側アーチや横アーチを降下させてしまうため，底屈位のみで緊張するようにする．

(2) リアライン・ソックス

　上記のテーピング法は，正常な足関節運動を促し，足関節捻挫を予防するという点でたいへん効果的だが，技術習得の困難さ，効果の持続時間，コスト，手間，皮膚のかぶれ，圧迫による組織間の滑走不全増悪など問題も多いことから，汎用性が高いとはいえない．**リアライン・ソックス**（（株）GLAB社）はこのような問題を解決すべく，靴下に上記のテーピングと同様の効果を発揮するような構造が編み込まれたリアライン・デバイスである（図2.29a）．リアライン・ソックスは伸張性の異なる2種類の糸が編み込まれており，ベルト状の部分は相対的に伸びにくく，前述のテーピングと同様に関節運動を誘導する役割を果たす．

　リアライン・ソックス装着後に，ソックスの履き口部を約90°内旋させてテープ①，テープ③・④に相当する部分の緊張を高めることにより，正常な背屈誘導の効果を高める（図2.29b）．内旋した状態を保つよう，履き口の裏面にはシリコン製のストッパーが備えられている．シリコンアレルギーの方は，このストッパーを除去し，テーピングなどを用いてソックスの滑りを防ぐのが望ましい．さらに，リアライン・ソックスの足底部の両面には，皮膚とソックスおよびソックスとインソール間の摩擦を増大させるためのポリ塩化ビニル系樹脂のストッパーが貼付されている．これにより，ソックスと足底の皮膚との間の滑りによる靴擦れを防ぐとともに，下肢の運動から得られる推進力をロスなく地面に伝達することが可能となっている．

　以上のような特性を持つリアライン・ソックスは，

①　スクワットにおける背屈可動域改善
②　片脚スクワット時の足部に対する脛骨内旋（knee-in）の制動
③　つま先立ちにおける母趾球荷重の安定化
④　歩行中の足底荷重中心の内側化（外側荷重の改善）
⑤　歩行や走行における踵離地時の足関節背屈誘導と股関節伸展筋活動の増大

などの即時効果をもたらす．なお，リアライン・ソックスには，シリコン製のストッパーを備えたレギュラータイプと，ストッパーを備えず伸張性の高い糸を用いたソフトタイプの2種類があ

図2.29　リアライン・ソックス

a) リアライン・ソックスの外観

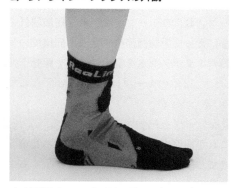

b) リアライン・ソックスの着用方法

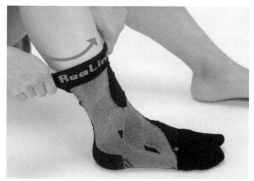

a) リアラインソックスはスポーツやリハビリテーションにおいて，テーピングの代替として使用される機能的ソックスである．
b) 装着時に，ソックスの履き口部を約90°内旋させることで，テーピング作用のあるベルト状の部分の緊張を高め，制動効果を高めることができる．

る．前者は試合，練習，リハビリテーションやトレーニングセッションなどを前提としたものであり，連続使用を2〜3時間以内とする．後者は日常生活を含めて，1日中装着していることを前提としたものである．

(3) リアライン・インソール

立方骨を支持しつつ，足関節の内・外側縦アーチおよび横アーチを支持することを特徴とする**リアライン・インソール**（p.103（株）GLAB 社）は，踵立方関節を中間位に安定させるとともに踵骨を中間位に安定させるうえで有効である．テーピングに比べてとても簡便であるとともに，その効果の持続性やコストの面で大きな優位性がある．これによりショパール関節および踵骨の安定性を得ることができ，徒手療法によって得られた正常な距腿関節運動の持続性を向上させる効果が期待できる．その詳細を第3章で述べる．

C. 運動療法（リアライン・エクササイズ）

滑走不全が解消され，正常位な最大背屈位と最大底屈位が得られたうえで，筋機能不全の改善を促すために運動療法（リアライン・エクササイズ）を行う．その際，正常な運動を保持するめ，適宜テーピングやリアライン・ソックスを用いる．エクササイズは，正常な関節運動を保つうえで有効な筋活動パターンを習慣化することを目的として行うものであり，これに矛盾した関節運動を起こす可能性のあるエクササイズを排除する．例えば，ゴムチューブを抵抗とした足関節外返し運動は距骨外旋を促す運動であり，理想的な距腿関節運動を獲得するプロセスと対立する（図 2.30）．なお，以下のエクササイズは，わずかな抵抗に対して実施するものであり，"強化"のためのエクササイズは次節の「2.6 ローカル・スタビライズ」にて述べる．

図 2.30　推奨しないゴムバンドを用いた腓骨筋トレーニング

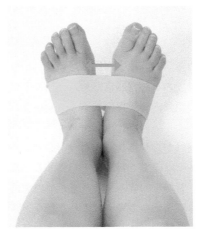

距骨外旋を伴うため，距腿関節の背屈位外反アライメント形成の一因となる可能性がある．

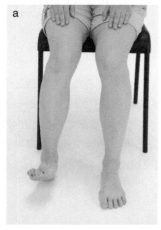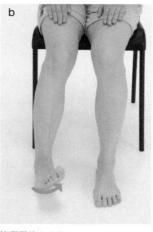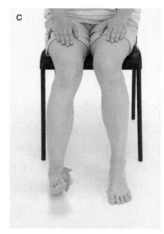

図2.31　距骨内旋を促すリアライン・エクササイズ

a) 椅子坐位で踵を接地した状態で足関節背屈位とする.
b) 回外を最小限に抑えつつ，自動運動で足部を内旋する.
c) 足関節背屈・内旋位から，自動運動でさらに足関節を背屈する.

① 背屈位内旋エクササイズ

　椅子坐位で踵を接地した状態で足関節背屈位とし，自動運動で距骨の内旋を反復する（図2.31a）．この際，回外や内返しが起こらないよう足底を水平に保つように意識する．距骨内旋に伴い膝関節における下腿内旋が同時に起こることが望ましい.

② 内旋位背屈エクササイズ

　椅子坐位で踵を接地した状態で足関節を軽度内旋位とし，自動運動で距骨の背屈を反復する（図2.31b）．この際，回外や内返しが起こらないよう足底を水平に保つように意識する.

③ ニーアウトスクワット

　第1章でも紹介したニーアウトスクワット（図2.32）は，つま先に対して膝を外側に向けることにより下腿を外旋させる運動であり，背屈位での距骨内旋を促すエクササイズとして用いることもできる．特に最大背屈位での距骨内旋を促すため，下腿前傾可動域の限界近くで行うことが望ましい.

　荷重によって距骨下関節の回外が抑制され，また股関節外旋筋によって距骨内旋が促されることにより，ニーアウトスクワットは誰でも容易に実施できる．股関節外旋筋が距骨に対する下腿外旋の主働筋であることから，背屈位内旋エクササイズや内旋位背屈エクササイズに比べると容易である．ただし，下肢に荷重時痛がある場合はこれを行うべきではない．なお，ニーアウトスクワットに対して膝周囲の軟部組織が抵抗する場合は，その都度徒手療法によりその組織の滑走性を改善させる.

図 2.32　距骨内旋を促すニーアウトスクワット

a) 足部を両側そろえた立位を開始肢位とする.
b) 下腿を可能な限り前傾させる.
c) b の状態のまま膝を外に開く.
d) c の状態を維持したまま膝を伸展させる.

D.　特殊な結果因子（病態，組織損傷）に対するローカル・リアライン

　ここまで述べた足関節のローカル・リアラインにより，正常な距腿関節のアライメントとキネマティクスに近づくことが期待される．それにより疼痛が消失すれば，リアラインの過程は完了となる．これにより，少なくとも運動学的な異常によって関節周囲の組織のダメージが拡大する状態から抜け出すことができる．すなわち，マルアライメント症候群の「原因因子」と「マルアライメント」が解決したことを意味する．しかしながら，以下に挙げるような「結果因子」が未解決であるため，次のローカル・スタビライズへの移行がスムーズに行えない場合もありうる．理想の関節運動が得られ，同時に結果因子が解決できない状況は，他の治療法の検討が必要となる.

① 　遠位前脛腓靱帯損傷に伴う疼痛
　前脛腓靱帯損傷は脛腓関節開大ストレスによって生じる．受傷機転として，下腿外側への外力による外返し強制が代表的であるが（図 2.33），内反捻挫に伴う距骨内旋によっても起こると推測されている．明らかな内反捻挫後に長期間この靱帯の疼痛が残存する例は珍しくはない．脛腓関節開大ストレスを減弱させるうえで，外旋を伴わない正常な距腿関節の背屈運動を獲得することが不可欠である．それだけで疼痛が消失しない場合は，前脛腓靱帯と皮膚との癒着に対して皮下組織のリリースあるいは浅腓骨神経のリリースを行う（図 2.34a）.
　足関節背屈強制時の疼痛に対して，脛腓関節の開大を制動するテーピングを用いる（図 2.34b）.前述したテーピング法（p. 69 図 2.28）において，テープ④を外果後方に引っ掛けるようにして外果を脛骨に圧迫するような走行とし，外果後方のテープがめくれないように後方に向けて 1 本テープを加えておく.

図 2.33　遠位前脛腓靱帯損傷の受傷機転

前脛腓靱帯損傷は外反強制もしくは内反強制によって起こる.

図 2.34　遠位前脛腓靱帯損傷への対応

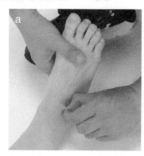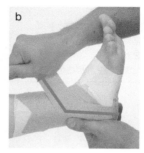

a）前脛腓靱帯と皮膚との癒着に対する皮下組織のリリース.
b）脛腓関節開大を制動するテーピング：外果のやや後方から外果を引っ掛けるようにして，外果から下腿前面にかけて強く引く．外果の後方を通るため背屈位で緊張して脛腓関節を圧迫し，底屈位では弛む.

② 足関節脱臼骨折後

　コンタクトスポーツなどで下腿外側への強い外力により足関節が外反強制された場合，三角靱帯損傷，前脛腓靱帯損傷，腓骨骨折が合併した脱臼骨折が生じる．三角靱帯縫合術，腓骨のプレート固定など外科的治療を行う場合が多く，その後頑固な足関節拘縮が残りやすい．その場合，拘縮の原因因子を同定し，時間をかけて丁寧に解決し，正常なアライメントと可動域の回復に最大限の努力を払う．一方で金属プレート，スクリューを含む術創部の癒着が問題となる場合もある．抜釘を待たざるを得ない例もあるが，少なくとも抜釘によって解決できない原因因子についてはあらかじめ解決しておくことが望ましい.

2.6 ローカル・スタビライズ

　ローカル・スタビライズは，ローカル・リアラインの終了，すなわち関節に違和感や痛みがなくスムーズな関節運動が可能となってから開始する．筋力発揮によって疼痛が出現する場合は，引き続きローカル・リアラインの段階にとどまるべきである．

(1) リアライン・バランスシューズ＜膝関節用＞

　リアライン・バランスシューズ＜膝関節用＞（（株）GLAB 社）（図 2.35a）は，第 4 趾列の真下にバランス軸を配置した運動器具である．この上に立ち，足底面を水平に保ちつつスクワットを行うためには，つま先の真上に膝を保つ必要があり，軽度ニーアウト（下腿内旋・距骨内旋）の状態での荷重運動を行うことになる．これを装着して，ワイドベーススクワット（図 2.35b）を行うと，下腿に対する距骨内旋を促すこととなり，距腿関節の背屈内旋を促す筋活動を促すことが期待される．これは，下肢のグローバル・スタビライズの主体となるトレーニング法であり，その詳細は第 4 章で述べる．

(2) リアライン・バランスシューズ＜足関節用＞

　足関節のローカル・スタビライズでは，理想的な距腿関節の底背屈運動，そして理想的な距腿関節のアライメントを保つための筋力・筋機能獲得を目的とする．ニーアウトスクワットによって正常な距腿関節背屈を獲得したことを前提とし，正常な距腿関節の肢位を保ちつつ距骨下関節

図 2.35　リアライン・バランスシューズ＜膝関節用＞を用いた距骨内旋・背屈トレーニング

　a) リアライン・バランスシューズ＜膝関節用＞の概観　　　b) ワイドベーススクワット

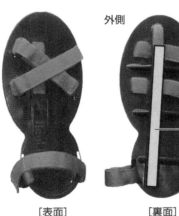

外側　　　内側

バランス軸

[表面]　　[裏面]

a) バランスシューズ〈膝関節用〉の裏面には，第 4 趾列にバランス軸が配置されている．
b) バランスシューズ〈膝関節用〉を装着し，足部を平行に保ちつつワイドベーススクワットを行う．つま先の真上に膝を保つことで，荷重位にてバランスシューズを水平に保つ．背屈運動に伴って下腿に対する距骨内旋を促す．

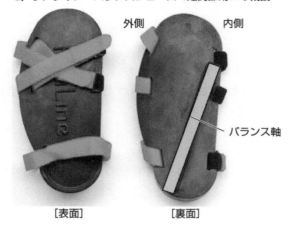

図2.36　リアライン・バランスシューズ＜足関節用＞を用いた距骨下関節回外筋トレーニング

a）リアライン・バランスシューズ＜足関節用＞の概観　　　　b）距骨下関節回内筋トレーニング

外側　　　　内側

バランス軸

[表面]　　　　[裏面]

a）バランスシューズ〈足関節用〉の裏面には，距骨下関節の運動軸に沿ってバランス軸が配置されている.
b）バランスシューズ〈足関節用〉を装着し，足部を平行に保った軽度ニーアウトでスクワットを行う. シューズ
　を水平に保つためには，腓骨筋や長趾伸筋といった距骨下関節回内筋の強い活動が要求される.

回内筋を強化する. 距腿関節の外旋を伴わずに腓骨筋などの距骨下関節回内筋を強化することは容易ではない. 一方，足関節外返しを伴うチューブトレーニングは距骨外旋を促す運動であり，リアライン・トレーニングから除外すべきである.

　リアライン・バランスシューズ〈足関節用〉（（株）GLAB社）（図2.36a）は上記の課題を解決するために開発された. バランス軸が距骨下関節に沿って配置されており，この上に立って，股関節外旋筋や膝内旋筋（内側ハムストリングス）を活動させて軽度ニーアウトのポジションを得ることにより，距腿関節を内旋・背屈位に保つことができる（図2.36b）. その状態から，膝の位置を変えずに足底面を水平にするように努力させ，距骨下関節回内筋（腓骨筋群，長趾伸筋，第三腓骨筋など）を十分に活動させる.

（3）ヒールレイズ

　荷重位での足関節底屈運動(ヒールレイズまたはカーフレイズ)は代表的な下腿三頭筋のトレーニング法である. これを母趾球荷重にて実施することにより，腓骨筋群と協調した足関節底屈を強化することとなり，底屈位での着地や減速動作などにおいて内反捻挫を防止するために必要な筋活動を学習・強化することができる. そのバリエーションとして，膝伸展位でのヒールレイズ（図2.37a），膝屈曲位でのヒールレイズ（図2.37b），膝屈曲位から下肢3関節の伸展動作（図2.37c）があり，これらを目的に応じて使い分ける.

図 2.37　下腿三頭筋トレーニング

a）ヒールレイズ
＜膝伸展位＞

b）ヒールレイズ
＜膝屈曲位＞

c）ヒールレイズ
＜膝屈曲位から伸展位＞

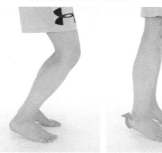

a）下腿三頭筋の筋力を総合的に強化する．最大底屈時に踵骨が回外，あるいは外側荷重傾向であればマルアライメントの存在を疑う．

b）下腿三頭筋の中でもヒラメ筋の強化を行う．このとき，股関節の伸展や骨盤後傾などの代償動作に注意する．

c）ジャンプ動作を想定した筋機能を強化するため，膝関節屈曲位・足関節背屈位から，膝関節伸展・足関節底屈を行うヒールレイズ．

【まとめ】

　本章では，足関節に起こりやすい背屈位距骨外旋アライメントと底屈位距骨内旋アライメントの修正を中心としたリアライン・トレーニングについて述べた．距骨外旋は，荷重位での脛骨内旋を招き下肢全体の動的アライメントに強く影響する．また背屈制限は，歩行時の踵離地における早期の底屈と不必要な重心の上昇を招く．さらに，これらのマルアライメントが足関節捻挫などの急性外傷，腓骨筋腱炎や後脛骨筋腱炎といった慢性外傷，そしてフットボーラーズアンクル・後突起障害・離断性骨軟骨炎などの骨軟骨障害の原因となる可能性もある．これらを考慮し，確実に足関節のアライメントを正常化したうえでトレーニングを進めることが望ましい．

文献

1）Beynnon, B. D.; Renstrom, P. A.; Alosa, D. M.; Baumhauer, J. F.; and Vacek, P. M.: Ankle ligament injury risk factors: a prospective study of college athletes. *J Orthop Res*, 19(2): 213-20, 2001.

2）Boyle, J., and Negus, V.: Joint position sense in the recurrently sprained ankle. *Aust J Physiother*, 44(3): 159-63, 1998.

3）Haraguchi, N., and Armiger, R. S.: A new interpretation of the mechanism of ankle fracture. *J Bone Joint Surg Am*, 91(4): 821-9, 2009.

4）Hess, G. W.: Ankle impingement syndromes: a review of etiology and related implications. *Foot Ankle Spec*, 4(5): 290-7, 2011.

5）Hewett, T. E.; Myer, G. D.; Ford, K. R.; Heidt, R. S., Jr.; Colosimo, A. J.; McLean, S. G.; van den Bogert, A. J.; Paterno, M. V.; and Succop, P.: Biomechanical measures of neuromuscular control and valgus loading of the knee predict anterior cruciate ligament injury risk in female athletes: a prospective study. *Am J Sports Med*, 33(4): 492-501, 2005.

6）Hubbard, T. J., and Cordova, M.: Mechanical instability after an acute lateral ankle sprain. *Arch Phys Med Rehabil*, 90(7): 1142-6, 2009.

7）Ivins, D.: Acute ankle sprain: an update. *Am Fam Physician*, 74(10): 1714-20, 2006.

8）Lentell, G.; Baas, B.; Lopez, D.; McGuire, L.; Sarrels, M.; and Snyder, P.: The contributions of proprioceptive deficits, muscle function, and anatomic laxity to functional instability of the ankle. *J Orthop Sports Phys Ther*, 21(4): 206-15, 1995.

9）McDougall, A.: Footballer's ankle. *Lancet*, 269(6902): 1219-20, 1955.

10）McKay, G. D.; Goldie, P. A.; Payne, W. R.; and Oakes, B. W.: Ankle injuries in basketball: injury rate and risk factors. *Br*

J Sports Med, 35(2): 103–8, 2001.

11） Melenevsky, Y.; Mackey, R. A.; Abrahams, R. B.; and Thomson, N. B., 3rd: Talar Fractures and Dislocations: A Radiologist's Guide to Timely Diagnosis and Classification. *Radiographics*, 35(3): 765–79, 2015.

12） Rasmussen, O.: Stability of the ankle joint. Analysis of the function and traumatology of the ankle ligaments. *Acta Orthop Scand Suppl*, 211: 1–75, 1985.

13） Smith, K. M.; Kovacich-Smith, K. J.; and Witt, M.: Evaluation and management of high ankle sprains. *Clin Podiatr Med Surg*, 18(3): 443–56, 2001.

14） Smith, R. W., and Reischl, S. F.: Treatment of ankle sprains in young athletes. *Am J Sports Med*, 14(6): 465–71, 1986.

15） Wei, F.; Post, J. M.; Braman, J. E.; Meyer, E. G.; Powell, J. W.; and Haut, R. C.: Eversion during external rotation of the human cadaver foot produces high ankle sprains. *J Orthop Res*, 30(9): 1423–9, 2012.

16） Weston, J. T.; Liu, X.; Wandtke, M. E.; Liu, J.; and Ebraheim, N. E.: A systematic review of total dislocation of the talus. *Orthop Surg*, 7(2): 97–101, 2015.

17） Willems, T.; Witvrouw, E.; Delbaere, K.; De Cock, A.; and De Clercq, D.: Relationship between gait biomechanics and inversion sprains: a prospective study of risk factors. *Gait & posture*, 21(4): 379–87, 2005.

18） Woods, C.; Hawkins, R.; Hulse, M.; and Hodson, A.: The Football Association Medical Research Programme: an audit of injuries in professional football: an analysis of ankle sprains. *Br J Sports Med*, 37(3): 233–8, 2003.

19） Wright, R. W.; Barile, R. J.; Surprenant, D. A.; and Matava, M. J.: Ankle syndesmosis sprains in national hockey league players. *Am J Sports Med*, 32(8): 1941–5, 2004.

20） Yeung, M. S.; Chan, K. M.; So, C. H.; and Yuan, W. Y.: An epidemiological survey on ankle sprain. *Br J Sports Med*, 28(2): 112–6, 1994.

第 **3** 章

足部

◆足部は，内側縦アーチ，外側縦アーチ，横アーチの3つのアーチが断面を構成する1つの立体的なドーム状の構造である．その役割として1）荷重（load bearing），2）梃子（leverage），3）衝撃吸収（shock absorption），4）バランス（balance），そして5）保護（protection）が挙げられる[7]．扁平足やハイアーチなどを含め，理想的なドーム構造に何らかの歪みが生じると，足部における力の伝達と分散という基本機能に問題が生じると考えられている[3]．ドーム構造の歪みは足部を構成する各関節のマルアライメントにほかならず，必要に応じて個々の関節のマルアライメントの修正が必要となる．

◆足部のリアライン・トレーニングは，リアラインによってショパール関節，リスフラン関節，中足趾節間関節を可能な限り正常かつ中間的なアライメントに整え，インソールを活用しつつそのアライメントの維持を図ることから開始される．この際，必要に応じて足関節や膝関節のリアラインを進めることにより，近位関節のマルアライメントが足部アライメントを崩す原因とならないようにしておく．スタビライズでは，すでに獲得された良好な足部アライメントを保持するために必要な内在筋の強化を進める．最後のコーディネートでは，足部のマルアライメントの再発を防ぐため，望ましい動的アライメントでのスポーツ動作の獲得を目指す．

3.1 背景

A. 足部の機能

　足部は，内側縦アーチ，外側縦アーチ，横アーチの３つのアーチが断面を構成する１つの立体的なドーム状の構造である．その役割として 1) 荷重（load bearing），2) 梃子（leverage），3) 衝撃吸収（shock absorption），4) バランス（balance），5) 保護（protection）が挙げられる[7]．

　足部は，下肢が生み出した足関節の底屈トルクを地面に伝達する「梃子」としての役割を果たす（図 3.1）．力の伝達効率を高めるには，足部をできる限り剛体に近づけることが望ましい．一方で，強い力の伝達は足部へのストレスの増大を招く．このため，合理的な衝撃吸収メカニズムを保ちつつ剛性を高めることが足部には求められ，それにはアーチ橋に例えられるような構築学的な安定性と，筋・腱・靱帯を含む軟部組織による衝撃吸収性を備えた合理的なアライメントと筋活動が不可欠である．

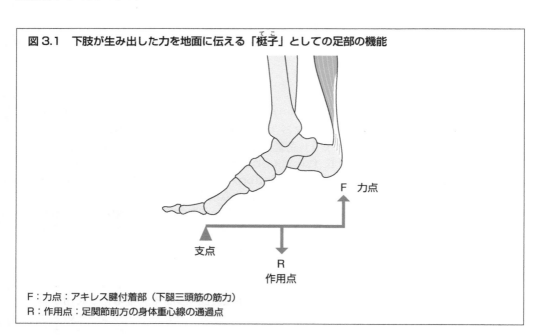

図 3.1　下肢が生み出した力を地面に伝える「梃子」としての足部の機能

F　力点

支点

R
作用点

F：力点：アキレス腱付着部（下腿三頭筋の筋力）
R：作用点：足関節前方の身体重心線の通過点

B. 足部のマルアライメント

　足部のマルアライメントは，**①衝撃吸収能力の低下**，**②下腿への異常な運動連鎖**，**③神経筋機能への影響**，の３点で問題となる．陸上で活動するスポーツ選手において，足部は全体重を支え，常に地面からの反力を受け止める部位であり，頻回の強いストレスにさらされている．このため，

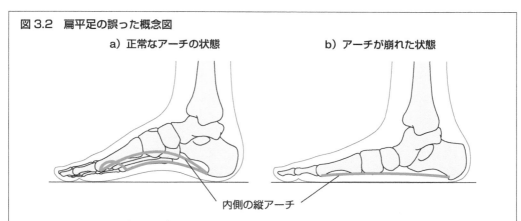

図 3.2　扁平足の誤った概念図

a）正常なアーチの状態　　　　　　　　　b）アーチが崩れた状態

内側の縦アーチ

内側アーチが潰れて扁平化した状態を扁平足と呼ぶ．実際には，この図 b）のように矢状面上で二次元的に足長が増大するわけではなく，水平面，前額面のアライメント変化を伴って扁平化が生じる．

アスリートに起こる足部疾患は多岐にわたり，その多くの機序として足部アーチの問題との関連性が指摘されている．

　足部アーチの問題の代表例として，内側縦アーチの降下（いわゆる扁平足）が挙げられる（図3.2）．矢状面上で二次元的に足長が増大するわけではなく，水平面，前額面のアライメント変化を伴って扁平化が生じる．扁平足に合併して，後脛骨筋や母趾外転筋など内側縦アーチを支持する役割を持つ軟部組織に痛みが発生する場合がある．また，回内足と関連した脛骨疲労骨折，回外足や外側縦アーチの降下と関連する膝下腿外旋アライメントなど，近位関節に影響を及ぼす足部のマルアライメントもある．すなわち，足部のマルアライメントは，足部だけでなく足関節から上の骨格すべてに影響を及ぼす可能性がある．したがって，長い競技生活を文字通り足元から支えられるよう，可能な限り足部マルアライメントを修正しつつ競技生活を進めることが望ましい．

　足部の皮膚や脂肪は**「保護」**の重要な担い手である．アスリートの足底には体重の 10 倍以上の負荷が加わり，皮膚や脂肪はそのストレスから足底の骨，靱帯，筋，腱などを保護する役割を果たしている．踵脂肪体は，カッティングやストップなどで側方への剪断ストレスにさらされて損傷する場合がある．その疼痛は荷重パターンを変化させ，動作にも異常をもたらす可能性が高い．

　足部に痛みが発生すると，疼痛回避のために**「荷重」**機能に悪影響を及ぼす．外反母趾などで足部の内側に疼痛が生じた場合には，歩行中の疼痛を減弱させるため足底荷重中心が外側へとシフトする[6]．踵に荷重時痛があれば，踵接地のない前足部での歩行となる．このような荷重部位の変化は正常な歩行や走動作を大きく変化させ，動作の効率を低下させ，他の部位へのストレスを増大させる可能性がある．さらに，荷重パターンの変化は，足底面における安定性にも悪影響を及ぼして**「バランス」**機能への悪影響も懸念される．このため，荷重パターンを変化させるような疼痛を速やかに解消させることが重要である．

　扁平足やハイアーチなどを含めて足部ドーム構造に何らかの歪みが生じると，足部における力の伝達と分散という基本機能に問題が生じると考えられている[3]．ドーム構造の歪みとは，足部を構成する各関節のマルアライメントにほかならず，必要に応じて個々のマルアライメントの修

正が必要となる．足部はショパール関節，リスフラン関節，中足趾節間関節など多数の関節の集合体であり，ドーム構造の異常は個々の関節のマルアライメントに帰着される．したがって，足部のトレーニングや治療においてもリアライン・コンセプトに基づき，的確にマルアライメントを修正しつつトレーニングを行うことが望まれる．以下，アスリートが訴える典型的な不調とマルアライメントの関連について解説するとともに，それらの解決法としてのリアライン・トレーニングを紹介する．

3.2 足部の不調とマルアライメント

　足部の不調は，足部の痛みとして自覚されることが多い．さらに，痛みがなくても可動域制限や不安定性（アーチの降下）が動作に変化を招き，パフォーマンスを低下させることもある．さらには足部のマルアライメントが原因で，足関節や膝関節など，近位関節の機能やアライメントに悪影響を及ぼす可能性もある．痛みがない場合，足部の問題は自覚されにくい．本節では上記すべてを網羅し，足部マルアライメントがもたらす影響とその修正方法について記載する．以下，足部の不調とマルアライメントとの関連性について具体例を共有する．

(1) 体重をかけると踵の足底部が痛い

　踵の皮下には衝撃吸収の役割を担う踵脂肪体がある[7,8]．カッティングやストップ動作などでこの踵脂肪体が損傷すると，体重をかけるだけで強い痛みが生じ，また荷重負荷が繰り返し加わるため長期化しやすい．また踵への荷重を避けた歩行や走動作パターンが習慣化し，下肢運動全体に異常が生じるとともに，前足部への負荷が増大する可能性がある．

　その治療として，消炎鎮痛薬やアイシングに加え，損傷した脂肪組織への圧迫ストレスを弱めるためのパッドやヒールカップ，または脂肪組織への剪断ストレスを減らすためのテーピングなどを用いる．なお，回外足で疼痛が外側にある場合や，回内足で疼痛が内側にある場合は，距骨下関節のリアラインが必要となる．

　踵部脂肪体の長引く痛みに対して，脂肪組織内の瘢痕化と癒着が起こりうる．筆者は，この脂肪組織内の癒着に対して徒手的なリリースを行うことによって，数年間消えることのなかった踵部の痛みを軽減できることを経験してきた．その詳細なメカニズムは不明であるが，脂肪組織内の癒着や瘢痕化に対する治療法の発展が望まれる．

(2) つま先荷重（踵が浮いたとき）に踵の足底部が痛い

　つま先に体重が乗っているにもかかわらず踵の足底部に痛みが生じる場合は，足底腱膜の炎症や足底腱膜の付着部に骨棘ができている可能性がある[9]．これらは，慢性的に足底の筋・腱への負担が強いために形成されるものであり，下腿三頭筋の過緊張と足部のアーチ降下に伴う足底腱膜の過緊張によって引き起こされると考えられている．

　これら足底腱膜炎や踵骨骨棘障害の治療には，足部のアーチを適切に支えて筋腱への負担を減

らすことが最も重要である．そのためには，確実に足部アーチの降下を防ぐようなインソール[10]が必要である．それとともに，下腿三頭筋と足底腱膜を十分に弛め，それ以外の足底の筋を十分に鍛えて衝撃を分散する必要がある．

（3）外くるぶしの下（足の裏）が徐々に痛くなる

練習開始後，徐々に外くるぶしの下方（足の裏）が痛くなる症状，あるいは足関節の捻挫予防のテーピングでこの部位を圧迫すると強い不快感が生じる症状は，足の外側縦アーチの障害[11]である可能性がある．具体的には，足関節の捻挫の際などに同時に踵骨と立方骨をつないでいる踵立方靱帯が損傷し，立方骨が下方に滑っている可能性がある．これは立方骨症候群と呼ばれている．ランニングなどで繰り返し体重をかけることで踵骨に対して立方骨が滑る動きを繰り返し，徐々に痛みが生じていると推測される．

これに対して立方骨を確実に支えるようなインソールが必要である．また，足の外側の皮膚が立方骨や第5中足骨に癒着して立方骨の挙上が妨げられる可能性があるため，あらかじめ皮膚の滑走性を改善して立方骨や第5中足骨底の挙上の可動性を十分に得たうえで，立方骨を支えるインソールを使用する．

（4）足の内くるぶしの前の骨が痛い

足の内くるぶしの前下方で突出している舟状骨が痛む状態を外脛骨障害，その付近の腱が痛む場合を後脛骨筋腱炎という．体重をかけるたびに内側アーチが沈むことで，突出している骨が痛む．場合によっては靴に圧迫されるだけでも痛むため，ゆるい靴を選択するようになり，それがさらに扁平足を助長することもある．

これは内側縦アーチの降下（いわゆる扁平足）において，舟状骨結節に付着する後脛骨筋腱が強く緊張することによって起こると考えられている[12]．また，第2章で述べた距骨の後方への滑り込みが制限されて，足部が全体的に前方にずれた状態にあると，後脛骨筋の緊張の強い状態が続くことになる．したがって，足関節のリアラインとともに，足部アーチを適切に支持するようなインソール，後脛骨筋の緊張を弛める徒手療法などが必要となる．

（5）足の甲（やや内側）が痛む

ランナーなどで，足の甲に徐々に痛みが生じ，慢性化する場合がある．その痛みの原因は，中足骨疲労骨折や楔状骨間離開，舟状骨疲労骨折といった慢性外傷である可能性がある．通常，踵が浮いてつま先に荷重した際に痛むため，走行時に地面を強く蹴ることができなくなる．

中足骨の痛みは横アーチによる衝撃吸収機能の異常によって起こる場合が多い．横アーチ機能を高めるには，両足立位などの軽い荷重では母趾球と小趾球に体重が乗り，ジャンプの着地など強い衝撃に対しては横アーチが潰れて5本の中足骨に分散する状態が理想である．また，つま先全体が内側に傾いた状態（中足骨の内転）があると，荷重時にその内転アライメントが増強されて中足部にストレスが集中する場合がある．さらには，距骨内旋とショパール関節外転といった後足部のマルアライメントが影響する場合もある．

このような問題に対して，衝撃吸収のメカニズムを十分に備えた理想的な足部アライメントを獲得することが不可欠である．それには，可動性低下に対する組織間リリース，不安定性に対するインソールによる支持によりアライメントを改善したうえで，その状態を保持するために必要

な筋活動パターン獲得のためのスタビライズトレーニングを行う.

(6) 外反母趾,母趾球が痛い

　外反母趾はよく知られた足趾の変形であり,母趾の可動域制限と疼痛,靴による圧迫による疼痛などの症状が特徴的である.歩行や走動作で地面を蹴るときに足趾が伸展して痛みが生じるため,母趾球での蹴り出しを避けて外側荷重の動作パターンが習慣化しやすい[6].変形が徐々に進行し,それに伴い可動域制限も進行することから早期からの進行予防が望まれる.外反母趾は変形が起こる母趾球の部分だけの問題ではなく,中足部や後足部のマルアライメントも含めた足全体のマルアライメントの問題と捉えるべきである.

(7) 踵の外側が削れる,母趾球に体重が乗らない

　外側荷重が習慣化すると,ジャンプや着地などで無理に母趾球荷重を得ようとして膝外反(knee-in)が増強し,下肢全体の動的アライメントに影響を及ぼす可能性もある.さらには,外側荷重での歩行や走行の習慣は足関節内反捻挫のリスクを増大させる.

　体重が足底の外側に乗る理由は多数ある.まず,足関節捻挫後などで外側靱帯が伸張された状態,これに腓骨筋の機能低下が加わった状態,また距骨内側の拘縮が強く回外足であることなどが考えられる.また,外反母趾や内側の踵脂肪体損傷など,足底内側に痛みがある場合も想定される.さらには,距腿関節における距骨外旋,膝関節における下腿外旋,股関節外旋など近位関節が外旋位にあってつま先を正面に向けた場合に,距骨下関節は回外位となる.想定される原因を確実に修正し,正常な荷重パターンを早期に再獲得させることが望まれる.

　以上のような足部周囲の痛みや可動域制限,荷重パターンの変化には,足部および他の下肢関節の影響が考えられる.他の関節の影響も考慮しつつ,確実に足部のマルアライメントを修正し,足が本来持つ衝撃吸収と力の伝達機能を再獲得することが望まれる.

3.3 スポーツパフォーマンス向上に必要な足部機能

　足部の不調や痛みの解決には,足部アライメントの改善が不可欠である.足部の安定性が低下し,足部アーチの降下を含むマルアライメントの進行につれてその修正が困難となる.このため,できるだけ早期の対応が望まれる.

　足部の理想的なアライメントを理解するうえで,足部の3つのアーチは1つの立体的なドーム構造の断面と考え,ドーム構造の全体像を把握することが重要である.この足部ドーム構造は,足部に存在する多数の関節のアライメントによって決定されているため,ドーム構造の異常は足部の個々の関節のマルアライメントの組み合わせと捉えられる.これらを踏まえて,足部アライメントが理想的な状態からどのように崩れていくのかを整理し,その修正法について述べる.

　足部ドーム構造は距骨下関節，ショパール関節，リスフラン関節のアライメントの組み合わせによって形成される．これらの関節に起こりうるマルアライメントを整理する[8]．

（1）距骨下関節のマルアライメント

　立位での距骨下関節のアライメントは，回内・回外可動性と回内制限をもたらす足関節内側の拘縮との組み合わせによって生じる（図3.3）．第2章に詳述したように（p.50～），その影響は近位の距腿関節や膝関節，遠位のショパール関節および中足部に波及する．

　後足部内側の拘縮による回内制限が強い場合は，荷重位でも回外位となる．一方，後足部内側の不安定性がある場合は回内位となる．回内・回外可動性の判定には，ベッド上の腹臥位・足関節中間位にて，徒手的に踵骨の回内可動性を確認する．その結果に基づき，以下の3パターンに分類する[1,2]．

a）中間位：中間位（Leg-Heel Angle 0°）まで回内できる望ましい状態（図3.3a）

b）回外位（回外拘縮）：中間位まで回内できない状態（図3.3b）．

c）回内位：中間位を超えて回内する状態．これが過度になると回内不安定性となる（図3.3c）．

　この評価の結果，b）の場合は立位でも回外位となる可能性が高く，c）の場合は立位で回内位となる可能性が高い．さらに，距腿関節の運動軸の前内側の拘縮はカーフレイズなど足関節底屈位での回外を，運動軸の後内側の拘縮はスクワットなど足関節背屈位での回外を増強させる．以上を踏まえて，回外拘縮の原因となる軟部組織を同定し，その周囲の滑走不全を解消させることにより回外拘縮の解消を目指す．

図3.3　右後足部の回外・回内アライメントの評価

a）中間位	b）回外位（回外拘縮）	c）回内位

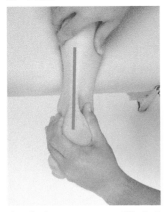 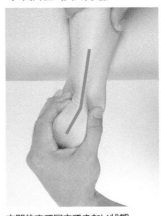 

中間位（Leg-Heel Angle 0°）まで回内できる望ましい状態．　中間位まで回内できない状態．　中間位を超えて回内する状態．これが過度になると回内不安定性となる．

（2）ショパール関節のマルアライメント

　ショパール関節は踵立方関節と距舟関節から構成される．ショパール関節のマルアライメントは，荷重時の外転位または内転位として確認される．外転または内転アライメントは，徒手的な操作による外転可動性または内転可動性とよく一致する．すなわち，徒手的に外転可動性が大きい場合は，立位でも外転位を呈する例が多い．

a）ショパール関節外転位：荷重位におけるショパール関節外転位は踵立方関節と距舟関節の両方が外転位となった状態であり（図3.4a），徒手操作によって過大なショパール関節外転可動性が確認される．また，ショパール関節外転位を呈する足において，舟状骨結節が内側に突出している場合が多い．荷重によりショパール関節外転が増強する場合は，内側縦アーチの降下（すなわち扁平足）となる．踵骨回内とショパール関節外転が合併すると典型的な回内扁平足となり，内側縦アーチの降下はさらに著明となりやすい．なお，踵立方関節外側に拘縮があるとショパール関節は外転拘縮の状態となり，徒手的な操作によっても中間位を得ることができない場合もある．

b）ショパール関節内転位：荷重位におけるショパール関節内転には踵立方関節と距舟関節の両方が内転位となる状態であり（図3.4b），徒手操作によって過大なショパール関節内転可動性が確認される．ショパール関節内転位を呈する足では，舟状骨結節の内側への突出を認めない場合が多い．荷重によりショパール関節内転が増強する場合は，それに伴い立方骨は降下する．これにより中足部は回外方向に移動し，荷重時に内側縦アーチは降下しないかむしろ上昇することもある．なお，距舟関節内側に拘縮があるとショパール関節は内転拘縮の状態となり，その拘縮により中間位を得ることができない場合もある．

c）ショパール関節中間位：荷重位におけるショパール関節中間位（図3.4c）は，ショパール関節の水平面での安定性が高く，徒手的操作において内転と外転可動性がともに小さい．

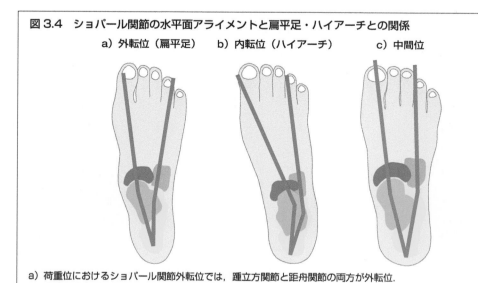

　図3.4　ショパール関節の水平面アライメントと扁平足・ハイアーチとの関係
　　　a）外転位（扁平足）　　b）内転位（ハイアーチ）　　　c）中間位

　a）荷重位におけるショパール関節外転位では，踵立方関節と距舟関節の両方が外転位．
　b）荷重位におけるショパール関節内転位では，踵立方関節と距舟関節の両方が内転位．
　c）荷重位におけるショパール関節が踵立方関節と距舟関節のともに中間位．

以上のような可動性と荷重位アライメントの特性を踏まえ，治療においては拘縮対策と不安定性対策の両面からショパール関節の中間位の獲得とその安定化を目指す．

（3）リスフラン関節のマルアライメント

　リスフラン関節は，近位に3つの楔状骨と立方骨，遠位に5個の中足骨底から構成される．レントゲン画像上または中足骨アライメントの触診により，第3中足骨と足部長軸（踵骨中央と第2中足骨頭を結ぶ直線）との位置関係により，リスフラン関節の水平面のアライメントを分類する．

a）リスフラン関節中間位：足部長軸と第3中足骨軸の方向が一致する（図3.5a）．

b）リスフラン関節内転位：第3中足骨が足部長軸に対して内転する（図3.5b）．通常，立方骨の外転・降下と合併し，楔状骨が舟状骨に対して外方に偏位していることが多い．すなわち，リスフラン関節内転位とは，楔状骨と立方骨が舟状骨に対して回外位にあると捉えられる．

c）リスフラン関節外転位：第3中足骨が足部長軸に対して外転する（図3.5c）．リスフラン関節が外転位を呈することは極めて珍しい．

　リスフラン関節中間位と内転位は相互に変化させることが可能である．前額面において，内転は舟状骨に対して楔状骨と立方骨が回外した状態であるとすると，逆に楔状骨と立方骨を舟状骨に対して回内させることにより中間位に戻すことが可能なはずである．さらに，外側アーチの降下に伴い，第5中足骨が回外位かつ背屈位となっている例が多い．これに対して，第5中足骨底の底屈・回内を促すことにより立方骨の挙上が可能となり，外側アーチ再構築に必要な可動性が得られる．

　このような足部の連動した骨の運動連鎖に類似した動きは，机上に手をおいて外側アーチを形成したり降下させたりすることにより，再現することができる（図3.6）．すなわち，手指を中足

図3.5　リスフラン関節の水平面マルアライメント

a）中間位	b）内転位	c）外転位

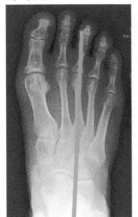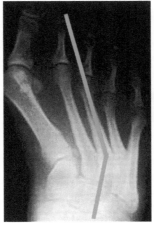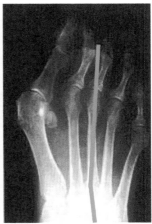

a）足部長軸と第3中足骨軸の方向が一致する中間位．
b）第3中足骨が足部長軸に対して内転位．
c）第3中足骨が足部長軸に対して外転する（極めて珍しい）．

図3.6　足部アライメントの変化を手でシミュレートする方法

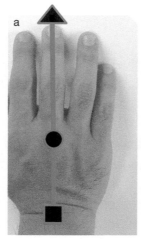
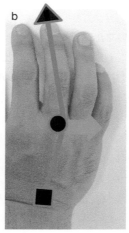

a）手指を中足骨とみなし，第2～第5中手骨が平行な状態を中間位とする．
b）手根部（■）および手指先端（▲）と机との接点を変えることなく，手の外側縦アーチを潰すように小指球を机とを密着させる．このとき，リスフラン関節に相当する手の中手指節間関節（●）が外方に偏位し，4本の手指は内転する．

骨とみなした場合，手の外側縦アーチを潰すことにより，リスフラン関節に相当する手の中手指節間関節が外方に偏位し，4本の手指は内転する．足部において楔舟関節の回内を促すには，あらかじめ楔舟関節の回内可動性を獲得し，そのうえで外側縦アーチを形成すべく立方骨を底側から支持するインソールを使用することにより達成できる．

（4）中足趾節間（MTP）関節のマルアライメント

5個のMTP関節に生じるマルアライメントとして外反母趾と内反小趾が代表的である（図3.7）．一見，これらは異なるアライメントのように見えるが，両者ともに中足骨が回外位であり，さらにその背景には中足部（楔状骨と立方骨）の回外が原因となっている可能性がある（図3.8a）．

図3.7　外反母趾と内反小趾

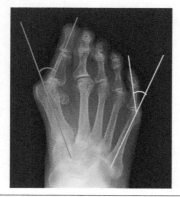

5個の中足趾節間関節に生じる
代表的なマルアライメント．

図 3.8　外反母趾，内反小趾に共通の中足骨回外アライメント

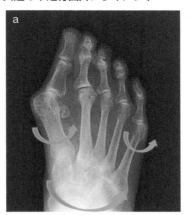

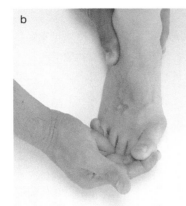
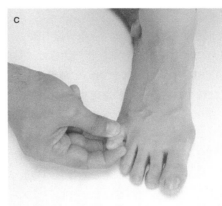

軽度の外反母趾と内反小趾において，他動的に足趾を伸展させると足趾の爪は外側に向かい（b, c），中足骨がともに回外していることがわかる．その原因は，中足部（楔状骨と立方骨）が一体となって回外位にあるためと推測される（a）．

このため，軽度の外反母趾と内反小趾において足趾を伸展させると足趾の爪は外側に向かう（図3.8b, c）．ただし，外反母趾では第1MTP関節の外反変形が進むにつれて基節骨が中足骨に対して回内する．一方，内反小趾ではこのようなMTP関節の回旋が起こることは稀であり，ほぼすべての例で中足骨，指節骨はともに回外位で，その爪は外側に向く．

　これらへの対応として，まず中足部および中足骨の回外アライメントを修正することが必要である．それには立方骨の支持と楔舟関節の回内可動性の改善によって，中足部の回外偏位を修正する必要がある．そのうえで，MTP関節における回旋アライメントを修正しつつ，可動域を改善させる．

B. 足部アーチタイプの分類

　距骨下関節，ショパール関節，リスフラン関節のアライメント分類を組み合わせると，3×3×3＝27通りの足部アライメントが想定される．しかしながら，27通りすべてをパターン化することは非効率であり，存在率が高いパターンを典型例と捉え，具体的な対策を講ずることが現実的

表3.1 足部アーチタイプと各関節のアライメントの組み合わせ

関節	タイプ1 (中間型)	タイプ2A (軽度扁平型)	タイプ2B (重度扁平型)	タイプ3 (ハイアーチ型)
距骨下関節	中間位	中間位～回内位	回内位	中間位～回外位
ショパール関節	中間位	中間位	外転位	内転位
リスフラン関節	中間位	中間位～内転位	中間位	内転位
踵骨回内・回外	中間位	中間位／軽度回内位	回内位	回外位
舟状骨高	わずかに降下	降下	降下	降下なし／上昇

である（図3.4，表3.1）.

① タイプ1（中間型）

　距骨下関節中間位，ショパール関節中間位，リスフラン関節中間位であるとともに安定しており，さらに横アーチも形成された状態は，足部ドーム構造としては理想的な状態である（p.86 図3.4c）. 現実に，すべてにおいて理想的なアライメントを併せ持つ足部アライメントに遭遇することは稀であるが，これを理想的な中間型の足部アライメントと位置づけることにより，以下に挙げるマルアライメントを修正する際の目標が明確になる.

② タイプ2（扁平型）

　扁平足は荷重によって内側縦アーチの降下が出現するタイプの足である（図3.4a）. 荷重によりショパール関節は外転位となることが特徴であり，距骨下関節は中間位または回内位，リスフラン関節は中間位から内転位のようにバリエーションがある. 荷重によりショパール関節外転が増大することにより舟状骨結節の内側への突出が見られ，内側縦アーチはショパール関節レベルで降下する.

③ タイプ3（ハイアーチ型）

　ハイアーチ足は荷重によって内側縦アーチが降下しないかわずかに上昇するタイプの足である（図3.4b）. 荷重によってショパール関節は内転位となることが特徴であり，距骨下関節は中間位から回外位，リスフラン関節は中間位から内転位とバリエーションがある. この場合，内側縦アーチの降下は認められないが，立方骨を頂点とする外側縦アーチは降下している.

④ タイプ4（ショパール底屈型）

　足底のバネ靱帯や長足底靱帯が短縮位にあるため，ショパール関節が過度に底屈している状態である. 内側，外側アーチがいずれも高く，日本人では珍しい.

⑤ タイプ5（ショパール背屈型）

　足底のバネ靱帯や長足底靱帯が伸張位にあるため，ショパール関節が過度に背屈している状態である. 内側，外側アーチがいずれも低く，これも日本人では珍しい.

C. 不安定性

　足部のマルアライメントには少なからず不安定性が関与する. 扁平足にはショパール関節外転増強が必発し，その背景として脛舟靱帯やバネ靱帯など内側の靱帯の伸張を伴う（図3.9a）[13].

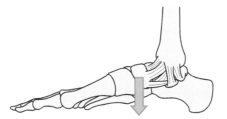

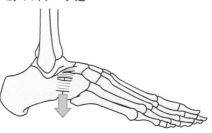

図 3.9　扁平足，ハイアーチ足とショパール関節の関係

　a) 扁平足　　　　　　　　　　　　　　　b) ハイアーチ足

a) 扁平足では，脛舟靭帯やバネ靭帯の伸張により，荷重位でショパール関節外転増強と内側アーチ降下が起こる.
b) ハイアーチ足では，踵立方靭帯や長足底靭帯の伸張により外側アーチ降下が起こり，荷重位でショパール関節
　内転が増強する.

　一方，ハイアーチ足は外側アーチ降下やショパール関節内転[12]を合併する．その背景には，踵立方靭帯や長足底靭帯の伸張が関与している場合がある（図 3.9b）.

　さらに外反母趾では，その変形の進行に伴い第 1 中足趾節間（MTP）関節の内側側副靭帯が伸張されていく．これらの不安定性の原因は先天性，後天性，外傷性などに分類されるが，原因にかかわらず不安定性を保存療法によって改善することは不可能であり，適宜インソールなどのリアライン・デバイスによってその影響を最小限に抑える必要がある．また不安定性を招く原因となったマルアライメントの矯正により，不安定性の悪化を防ぐことが大切である.

D. キネマティクス

　足部の関節の中で特にキネマティクスが重要となるのは第 1MTP 関節である．軽度でも外反母趾が認められる場合，第 1 中足骨は内転・回外位となり，第 1MTP 関節は歩行において異常なキネマティクスでの背屈を繰り返すことになる．第 1 中足骨の内転・回外に伴い，第 1 中足骨底は楔状骨とともに舟状骨に対して外側に偏位した状態となっている（p. 87 図 3.5b）.

　これに対して，立方骨の挙上を含めた中足部の回内により第 1 中足骨底は内側に移動する（p. 88 図 3.6a）．第 1MTP 関節の伸展運動を回復させるためには，内側に移動した第 1 中足骨底に爪を向けるように基節骨をやや回外させつつ背屈させる（図 3.10）．そのうえで，母趾球付近の伸展可動域の制限因子に対し，滑走不全を解消するために MTP 関節の内側や底側の皮下組織や腱に対して組織間リリースを行い，正常なキネマティクスと完全な伸展可動域を回復させる.

E. 軟部組織の滑走性と正常可動域

　足部のマルアライメントの原因として，関節周囲の軟部組織の滑走不全が挙げられる．ショパール関節外転拘縮における立方骨外側，ショパール関節内転拘縮における舟状骨内側付近の軟部組織の滑走不全が代表的である．降下した外側アーチの挙上に対して抵抗する第 5 中足骨周囲の皮下組織，立方骨底側拘縮なども滑走不全とみなす．さらに，母趾背屈可動域を改善するには，キネマティクスを正常化したうえで，足底の筋，腱，関節包間の滑走不全を解消することが必要となる.

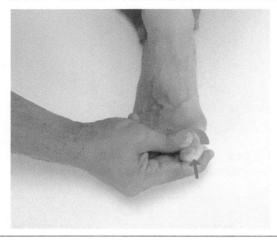

図 3.10　正常な第 1 中足趾節間関節を回復させる他動運動

正常な第 1 MTP 関節の伸展運動を回復させるため，内側に移動した第 1 中足骨底に爪を向けるように基節骨をやや回外させつつ伸展させる.

　皮下組織，筋間，伸筋支帯，屈筋支帯周囲の滑走不全や滑液包の癒着といった軟部組織間の滑走不全は，いったん形成されるとトレーニングやストレッチによって改善されない．いったん滑走不全が形成されると，静的ストレッチなどの効果が得られにくくなり，元通りの柔軟性の最獲得は困難となる．これらに対して，組織間の滑走性を改善する組織間リリースが一定の効果を発揮する．

F.　十分な筋機能（筋力）

　足部の筋力に対し，降下したアーチを挙上させるほどの力を期待することはできないが，滑走不全の解消とインソールを用いた足部リアライメントによって得られた良好なアライメントを保持する役割を期待することは可能である．足部アライメントを保持するためには足底の筋腱を最大限緊張させる必要があるが，そのためには足趾の伸展に伴うウインドラス機構を最大限活用することが不可欠である．このためには，荷重位においても足趾伸展位を保つことができるだけの足趾伸展勤力が重要となる．また，外反母趾や内反小趾を防ぐために必要な母趾外転筋，小趾外転筋の強化も重要となる．

G.　疼痛消失

　足部疾患の回復過程で，患部が皮下組織と接する場合など，その癒着が痛みの消失を妨げている可能性がある．例えば，第 5 中足骨骨折後の皮膚との癒着，足底腱膜炎における足底腱膜と短趾屈筋・小趾外転筋・母趾外転筋との癒着などは疼痛消失を遅らせる可能性がある．マルアライメント症候群の概念に基づくと，まずアライメント，キネマティクス，可動域，筋の滑走性の正常化を図る．理想的なアライメントが得られてもなお疼痛が残存する場合は，結果因子に対する治療として，疼痛を発している組織の滑走性を改善させるためのリリースを行う．それらの滑走性を十分に回復することで症状消失が得られることが多い．

3.4 足部のリアライン・トレーニングの構成

　足部のリアライン・トレーニングは，序章の図4（p.6）に記載した流れに沿って原則として**リアライン，スタビライズ，コーディネート**の順に実施される．足部の**ローカル・リアライン**を進める際，ショパール関節，楔舟関節，立方骨のリアラインを先行させて，できる限りショパール関節とリスフラン関節を中間位に近づける．扁平足やハイアーチ足では不安定性が関与している可能性が高いため，適宜インソールなどのリアライン・デバイスを用いる．そのうえで，筋機能によって良好なアライメントを保つことができるように**ローカル・スタビライズ**を行う．

　グローバル・リアラインと**グローバル・スタビライズ**は荷重位での下肢による複合関節運動によって進められるため，足部および近位の足関節，膝関節，股関節との連動が不可欠である．したがって，必要に応じて足部以外の下肢関節のローカル・リアラインを進め，そのうえで下肢全体のグローバル・リアラインを進めることが望ましい．その後に，下肢と体幹の連動を意識した**コーディネート**を行うと，より確実性の高い動作学習が進められる．

3.5 ローカル・リアライン

　足部の**ローカル・リアライン**のゴールは，理想的な足部ドーム構造を構築することである．そのためには，第2章で述べた足関節のリアラインを進めることとともに，距骨下関節，ショパール関節，リスフラン関節，MTP関節など足部のマルアライメントに関与するすべての関節を整えなければならない．さらには，MTP関節の底背屈運動における関節キネマティクスの正常化を図り，可動域の最終域での異常運動や痛みを解消させる．以上を達成するために，リアライン・コンセプトの設計図に基づき，不安定性に対してはデバイス，滑走不全に対しては組織間リリース，筋機能低下に対してはエクササイズによってローカル・リアラインを進めていく．以上のアライメントおよびキネマティクスを獲得したうえで，その運動を持続させるための筋活動パターンの学習（ローカル・スタビライズ）へとつなげるのが望ましい．

A. 徒手療法（マニュアル・リアライン）

　足部のローカル・リアラインにおいて，組織間の滑走不全に対する組織間リリースを行うことにより，各関節の正常な可動性を回復させる．具体的には，後足部回外拘縮，ショパール関節外転または内転拘縮，立方骨降下，第5中足骨の回外・背屈拘縮，舟状骨に対する楔状骨の内方への移動制限，母趾MTP関節の回内拘縮や背屈制限といった問題は組織間の滑走不全を伴う場合が多い．これらに対して，皮下組織内の浅層ファシアの滑走性，筋や脂肪組織と関節包との癒着

の解消，炎症により引き起こされた関節周囲の癒着の解消を進めることにより，少なくとも正常な足部ドームの形状を取り戻すために必要な関節の可動性を回復させることができる．これら滑走不全が運動療法で解消される可能性は低いため，第1章で述べた組織間リリース（ISR）を用いる．

① 後足部回外拘縮

後足部回外拘縮は三角靱帯周囲の組織間の滑走不全によって起こる．具体的には三角靱帯の深層の癒着，三角靱帯上の後脛骨筋腱や長趾屈筋腱との滑走不全，屈筋支帯，皮下組織などが関与する．

最初に，内果上およびその下方の三角靱帯や屈筋支帯周囲において，皮下組織の組織間リリースを行い，容易につまむことができるような皮膚の弛みを作る（図3.11）．これにより，皮膚の可動性が得られて足関節の可動域全体において内果周囲の皮膚が緊張しない状態を確保するとともに，皮膚の深層にある屈筋支帯や屈筋腱相互の可動性を確保する．リリース実施後に，皮膚をつまみながら底背屈を行わせ，皮膚の緊張が増強しないことを確認する．

屈筋支帯の深層には後脛骨筋腱，長趾屈筋腱，長母趾屈筋腱が走行している．また屈筋支帯の踵骨付着部付近にはアキレス腱滑液包があり，その癒着は屈筋支帯の過緊張をもたらす．また屈筋腱の炎症の既往歴は，屈筋支帯や三角靱帯，関節包との癒着を引き起こしている可能性もある．

図3.11　足関節周囲の皮下組織のリリース

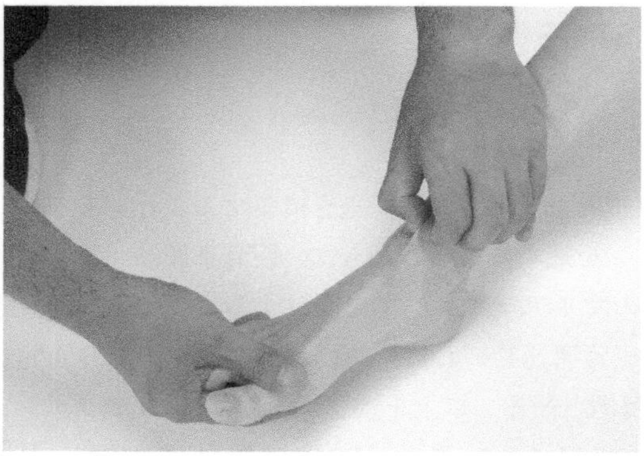

内果上の脛骨内側縁および内果下方の三角靱帯や屈筋支帯周囲の皮膚をつまむようにして，浅層ファシアをリリースする．

図3.12　屈筋支帯深層のリリース

屈筋支帯を前下方から後上方に向けてめくるように指先を引っ掛けた状態で足関節をゆっくりと背屈させ，屈筋支帯下における屈筋腱の遠位への滑走性を改善させる．

図 3.13　後脛骨筋腱のリリース

内果から後方に向けて後脛骨筋腱に指を掛けた状態でゆっくりと足関節を背屈させ，後脛骨筋腱支帯内での腱の滑走性を改善する．

屈筋支帯深層の滑走不全に対して，まず屈筋支帯を前下方から後上方に向けて指先を掛けた状態で足関節を背屈させ，屈筋支帯下における屈筋腱の遠位への滑走性を改善させるとともに，屈筋支帯深層の癒着を解消させる（図 3.12）．同様に，後上方から前下方に屈筋支帯をめくりつつ足関節を底屈させることで，屈筋腱の近位方向への滑走性を改善させる．

　屈筋腱のうち後脛骨筋腱と長趾屈筋腱は三角靱帯上を前方に走行しており，背屈に伴って上方に，底屈に伴って下方に移動する．両腱ともに，下方から内果に向けて腱に指先を掛けた状態でゆっくりと足関節を背屈させ，背屈に伴う上方移動に抵抗する滑走不全を解消させる（図 3.13）．次に，内果の下で上方から下方に指を掛けつつ足関節をゆっくりと底屈させ，底屈に伴う両腱の下方への移動を促す．一方，長母趾屈筋腱は載距突起下の長母趾屈筋腱溝を通るため，底背屈に伴う上下方向への移動は生じない．

　上記によっても中間位までの回内可動域が得られなければ，さらに三角靱帯深層の癒着，あるいは屈筋腱と距骨後方の関節包との癒着の有無を探索する．注意すべき点として，足関節の底背屈中間位における回内可動域が得られることにより立位での回外拘縮は解消されるが，底屈位や背屈位において回内可動域の獲得を保証するものではない．したがって，最大背屈位から最大底屈位にかけて，底背屈角度にかかわらず回外拘縮が解消されるまで上記のリリースを行う．

②　ショパール関節外転拘縮

　ショパール関節外転拘縮は内側アーチ降下に合併して起こることが多い．その原因として，バネ靱帯の弛緩に加え，踵立方靱帯と脂肪組織の癒着が挙げられる．一方の手で踵骨を，他方の手で中足部を把持してショパール関節の内転を促し，中間位にまで戻らない場合を外転拘縮と定義する（p. 86 図 3.4a）．これに対して，踵立方関節の内転を促しつつ，その周囲の皮下組織のリリースを行い，皮膚による内転制限を解消する．次に踵立方関節の外側・底側において，関節包（底側踵立方靱帯）と足底の脂肪組織との間のリリースを行う（図 3.14a）．関節包と皮下脂肪との癒着が解消されることにより，ショパール関節の内転可動域が改善するとともに，立方骨の上方への可動性が改善する（図 3.14b）．

③　ショパール関節内転拘縮

　ショパール関節内転拘縮はハイアーチに合併して起こることが多い．その原因として，距舟靱帯と皮下組織の滑走不全，母趾外転筋の滑走不全などが考えられる．一方の手で踵骨を，他方の手で中足部を把持してショパール関節の外転を促し，中間位にまで戻らない場合を内転拘縮と定義する（p.86　図 3.4b）．これに対して，踵立方関節の外転を促しつつ，その周囲の皮下組織のリリースを行い，皮膚による外転制限を解消する．次に，母趾外転筋の上縁において，母趾外転筋と踵骨や舟状骨，楔状骨との間の滑走性を改善する（図 3.15a）．前脛骨筋の表層または深層（距舟靱帯）のリリースが必要な場合もある（図 3.15b）．

図 3.14　ショパール関節外転拘縮の改善

a) 踵立方関節の外側・底側において，関節包（底側踵立方靱帯）と足底の脂肪組織との間をリリースする．
b) リリース後に立方骨の上方への可動性が改善したことを確認する．

図 3.15　ショパール関節内転拘縮の改善

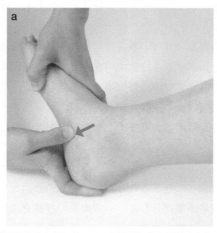 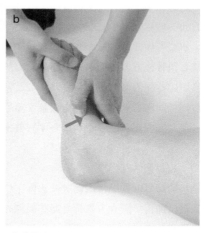

a) 母趾外転筋の上縁において，母趾外転筋と踵骨や舟状骨，楔状骨との間の滑走性を改善する．
b) 必要に応じて前脛骨筋の表層または深層（距舟靱帯）のリリースを行う．

図3.16　第5中足骨回外・背屈拘縮の改善

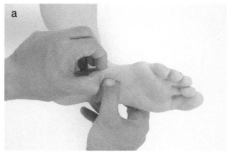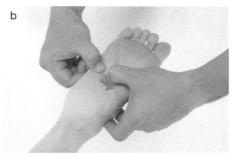

a）第5中足底付近の皮下組織のリリースにより，その上方への可動性を確保する．
b）足底腱膜の外側から短趾屈筋を内側に向けて固定しつつ，第5中足骨底を外側に引き出すようにする．

④　立方骨降下

　立方骨降下（外側アーチ降下）は，ショパール関節外転に伴う扁平足，内転に伴うハイアーチの両方において認められる．これに対して，上述したショパール関節の内転拘縮あるいは外転拘縮を解消することにより立方骨の挙上の可動性が回復することが多い．特に踵立方関節底側の皮下脂肪のリリースが有効である．

⑤　第5中足骨回外・背屈拘縮

　第5中足骨は，リスフラン関節内転に合併してしばしば回外拘縮を呈し，また外側アーチの降下に合併してしばしば背屈拘縮を呈する．これに対して，第5中足底付近の皮下組織のリリースにより，その上方への可動性を確保する（図3.16a）．次に，足底腱膜の外側から短趾屈筋を内側に向けて固定しつつ，第5中足骨底を外側に引き出すようにする（図3.16b）．その際，短趾屈筋の深層で，楔状骨に対して短趾屈筋を内側に向けてめくるようにする．第5中足骨の回外・背屈拘縮が解消されることにより，第5中足骨頭が内・底側に下がり，横アーチ形成を促すとともに前足部の幅が狭くなる．

⑥　リスフラン関節内転拘縮（楔状骨の外方偏位）

　リスフラン関節内転は足部長軸（踵骨中央と第2趾を結ぶ線）に対して第3中足骨が内転位にあることを意味する．その場合，舟状骨に対して楔状骨は外方に偏位し，それに押されるように立方骨は外転・回外する．これに対して，舟状骨に対する楔状骨の内方移動を促すモビライゼーション（図3.17a），楔状骨底側における母趾外転筋と関節包・靱帯との間のリリースを行う（図3.17b）．これに加えて，上述した立方骨挙上および第5中足骨底の回内・底屈可動性改善が得られたうえで，立方骨の挙上と楔状骨の内方移動を促すことによってリスフラン関節の内転拘縮が解消される（図3.17c）．

⑦　母趾中足趾節間（MTP）関節回内拘縮

　リスフラン関節内転に伴い5本の中足骨は回外する．これに対して，第1基節骨は回内し，外反不安定性の増強に伴って異常な回内位を呈する（図3.18a）．第1基節骨の外反・回内に伴って，第1中足骨頭内側に骨の突出が認められる場合が多い．これに対して，あらかじめ中足骨の回外

図3.17　リスフラン関節内転の改善

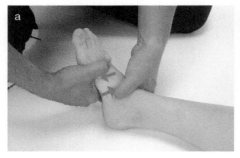
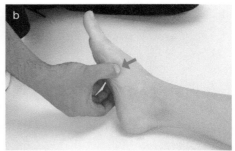

a) 舟状骨に対する楔状骨の内方移動を促すモビライ
ゼーション.
b) 楔状骨底側における母趾外転筋と関節包・靱帯との
間のリリース.
c) 立方骨の挙上と楔状骨の内方移動を促すことによっ
てリスフラン関節の内転拘縮を改善する.

図3.18　母趾中足趾節間（MTP）関節の回内拘縮の改善

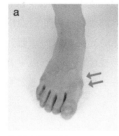
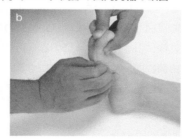
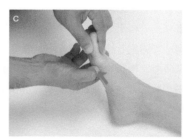

a) 第1基節骨は回内し，外反不安定性の増強に伴って異常な回内位を呈する．第1基節骨の外反・回内に伴って，
第1中足骨頭内側に骨の突出が認められる場合が多い.
b) 第1MTP関節の内側や底側の制限因子に対する皮下組織リリース.
c) 底側の長母趾屈筋腱の関節包の組織間リリース.

アライメントを改善するとともに，第1趾の爪が第1中足骨底に向くように基節骨を回外させつ
つ背屈させる．このとき，背屈の最終域において，第1MTP関節の内側や底側に制限因子があ
れば，皮下組織リリース（図3.18b）や底側の長母趾屈筋腱の関節包との癒着解消を図る（図3.18c）.

⑧　小趾中足趾節間（MTP）関節背屈拘縮

　リスフラン関節内転に伴い5本の中足骨は回外する．これに対して，第1基節骨は回内し，外
反不安定性の増強に伴って異常な回内位を呈する．軽度背屈位を呈することが多いが，その外側
が靴の中で擦れるなどして炎症が起こっている場合が多い.

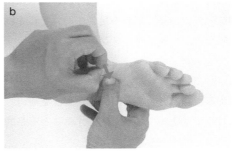

図 3.19　小趾中足趾節間（MTP）関節背屈拘縮の改善

a
b

a) 第 5 趾の皮下組織のリリースを行い，第 5 中足骨底周囲の関節の可動性を改善する．

b) 足底において，第 5 中足骨底と短趾屈筋との間の距離を広げるように，第 5 中足骨底を外側に引き出しつつ，短趾屈筋の深部にある足底方形筋との間の滑走性を得るように組織間リリースを行う．

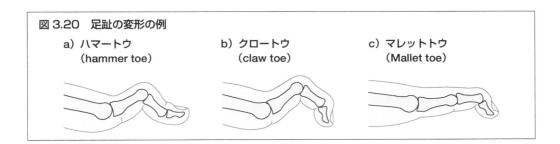

図 3.20　足趾の変形の例

a) ハマートウ
（hammer toe）

b) クロートウ
（claw toe）

c) マレットトウ
（Mallet toe）

　これに対して，第 5 中足骨の回内・底屈可動性を改善させることで第 5 中足骨頭を内側・底屈移動させて中足骨頭における足部の幅を狭くする．まず，第 5 趾の皮下組織のリリースを行い，各関節の可動性を改善する（図 3.19a）．そのうえで，足底において，第 5 中足骨底と短趾屈筋との間の距離を広げるように，第 5 中足骨底を外側に引き出しつつ，短趾屈筋の深部にある足底方形筋との間の滑走性を得るように組織間リリースを行う（図 3.19b）．第 5 中足骨底の外・背側への可動性が改善することにより，第 5 中足骨頭の内底側への可動性が向上する．

⑨　第 2 〜第 4 趾 MTP 関節背屈拘縮，趾節間関節屈曲拘縮

　MTP 関節の背屈拘縮と近位趾節間（PIP）関節の屈曲拘縮はハマートウ（hammer toe）（図 3.20a），MTP 関節の背屈拘縮と PIP 関節および遠位趾節間（DIP）関節の屈曲拘縮はクロートウ（claw toe）（図 3.20b），DIP 関節の屈曲拘縮のみが認められる状態はマレットトウ（Mallet toe）（図 3.20c）と呼ばれる．これらに対して，皮下組織のリリースを行ったうえで，各関節を通る腱と関節包との間の滑走性を改善することにより，拘縮を解消させる．

B. 補装具療法（リアライン・デバイス）

（1）足部リアラインにおけるインソールの役割

　立体的ドーム構造は，距骨下関節の回内・外，ショパール関節の内・外転，立方骨降下，第 5 中足骨底の回外・背屈，リスフラン関節内転，MTP 関節や足趾の変形など足部のマルアライメ

ントの組み合わせにより多彩なバリエーションが存在する．足部のリアラインにおいてインソールに期待すべきこととして，踵骨の中間位保持，踵骨の底屈制動，立方骨の降下制動，ショパール関節の外転制動，第5中足骨の回外・背屈制動，リスフラン関節の内転制動，内側アーチの降下制動など，マルアライメントの進行を防止することが挙げられる．

リアライン・インソールは，足部のリアラインにおいて，主に不安定性（アーチ降下）への対処法として開発された．すなわち，あらかじめ組織間リリースによって，理想的な足部ドームを形成するために必要な各関節の可動性を獲得しても，不安定性によって足部アーチが降下することに対して足底から足部を支持することを目的として使用される．

(2) 外側縦アーチ降下に対するインソール

足の外側縦アーチは，後ろから踵骨，立方骨，第4および第5中足骨によって形成され，立方骨がその頂点に位置する[6]．立方骨マルアライメントは多様であり，降下，前方または後方へ傾斜，あるいは回外偏位などが挙げられる．外側縦アーチを効果的にサポートするには，どのような立方骨の傾斜にも対応できるようなサポート方法が必要である．立方骨の底側には，踵骨から第5中足骨底に付着する小趾外転筋がある．この小趾外転筋を強く圧迫すると痛みや不快感を生じ，また外側ウエッジと同様に踵骨回内を促す．立方骨の内側には足底腱膜と短趾屈筋が存在する．

外側縦アーチの前方部分を構成するのは第4，第5中足骨である．これらの骨の後部は外側アーチのトップに近いため接地面から離れ，前方の中足骨頭は荷重面を形成するのが望ましい．本来，第4中足骨底よりも第5中足骨底はかなり低い位置にあることから，第4中足骨底を支持することなく，第5中足骨底のみを無理に挙上させてはいけない．したがって，外側アーチを形成・維持するためには，足底腱膜や小趾外転筋を圧迫せずに立方骨をできる限り広い面積で支えるのが望ましい（図3.21）．

(3) 内側縦アーチ降下に対するインソール

内側縦アーチは踵骨，距骨，舟状骨，楔状骨，第1～第3中足骨から形成される[6]．内側縦アーチの降下（扁平足）において，舟状骨の降下に伴ってショパール関節が外転位を呈する．内側縦アーチを効果的にサポートするには，特にアーチの後部（踵骨，距骨，舟状骨）をしっかりとサポートする必要がある．

載距突起は，骨格上踵骨の回内を制動するうえで最適な支持面となるが，その表層には母趾外転筋があるため圧迫による不快感が生じやすい．したがって，内側アーチサポートは広い接触面で母趾外転筋全体を支持することが望ましい．現実には，内側アーチサポートのみではショパール関節の外転を制御することはほぼ不可能である．内側アーチサポートで強固に内側アーチを支持すると，スクワットに伴って踵骨が内旋し，結果としてショパール関節は外転してしまう．

ショパール関節の外転は，内側の距舟関節と外側の踵立方関節の両方が外転するために起こっている．これに対して踵立方関節を下方からサポートすると，ショパール関節の外転をある程度抑制することができる[5]．つまり，立方骨の支持はショパール関節を安定させ，内側縦アーチによるアーチ支持の効果を向上させる（図3.22）．以上より，降下している内側縦アーチをサポートするには，内側縦アーチの後部とともに立方骨をサポートして踵立方関節を安定させることが必要である．

図3.21　外側縦アーチ降下に対するインソールの考え方

外側アーチが降下している場合は，立方骨を適切な高さを保つように足底から支持する．その際，足底腱膜・短指屈筋や小趾外転筋を圧迫せずに立方骨をできる限り広い面積で支える．

図3.22　内側縦アーチ降下に対するインソールの考え方

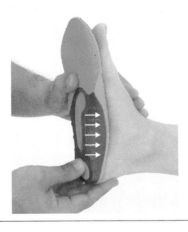

母趾外転筋を局所的に圧迫するのではなく，広い接触面で母趾外転筋全体を支持するように内側縦アーチサポートを設計する．立方骨の支持により，あらかじめショパール関節の外転を制動することにより，内側縦アーチへの支持の効果が向上する．

(4) 横アーチ降下に対するインソール

　横アーチは，中足骨頭レベルだけではなく，ショパール関節，リスフラン関節を含めた半円柱状の立体構造である[4,6]．横アーチは，前足部に強く荷重することによって潰れて平坦になることで，荷重を5本の中足骨に分散する役割を果たしている．

　一般的な横アーチのサポート法は，第2～第4中足骨頭をサポートするものであり，これをメタターサルパッドという．これを用いることにより見かけ上の横アーチが形成されるが，その結果，衝撃を分散するどころか逆にメタターサルパッドの上に乗る第2～第4中足骨にストレスが集中し，中足骨疲労骨折などの障害を引き起こす危険性がある．つまり，メタターサルパッドは横アーチの実質的な役割を破綻させるものである．

　有効に横アーチを形成するには，後方の立方骨から第4中足骨にかけて，縦長のサポートパッドを用いる（図3.23a, b）．これであれば，中足骨頭への衝撃に対して，適度に横アーチがつぶれることによって衝撃を分散し，同時にアーチの根本である立方骨はしっかりと支えられた状態を

図 3.23　横アーチ降下に対するインソールの考え方

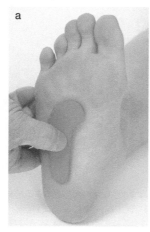 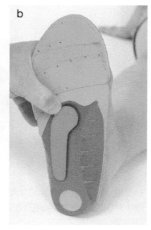

a）中足骨頭レベルだけではなく，ショパール関節，リスフラン関節を含めた半円柱状の立体的な横アーチ構造を
　　サポートする中央アーチパッドの装着位置．
b）リアライン・インソールの底面の凹みに，中央アーチパッドをはめ込んだ状態．

保つことができる．このサポートパッドは，外側の第5中足骨と内側の足底腱膜（特に第1趾への腱）を圧迫してはいけない．立方骨から第4中足骨の中央部分にかけてサポートすることにより，適度につぶれる横アーチを形成する．

（5）トウサポートの考え方

　スポーツ活動において前足部でブレーキをかける場面として，箱根駅伝の山下りに代表される下り坂のランニング，バスケットボールやサッカーのストップ，バレーボールのストップジャンプ，アルペンスキー，フィギュアスケートの着地，カッティング動作などさまざまである．これらの動作に共通して，足部を正面に向けると，最も遠位まで伸びている第2中足骨頭に荷重限定される．これに対して，つま先を内側に向けることにより，第2〜第5中足骨頭に荷重面積が拡大する．その結果，選手はつま先を内側に向けるほうが止まりやすいと感じる．このような代償はバスケットボールのジャンプシュートのジャンプ動作などに現れる．

　つま先を内側に向けた減速動作の問題点として，①足部内旋・踵骨回外による内反捻挫のリスク増大，②中足骨内転の増強と外側アーチの降下，③股関節内旋による膝の動的外反，④大腿四頭筋よりも腸脛靱帯など膝外側構成体に依存した制動，⑤ジャンプの主動作筋である大腿四頭筋・大殿筋などのパフォーマンス低下，などが考えられる．これらは，いずれもスポーツ選手にとっては修正すべき点と捉えられる．

　トウサポートは，上記のような問題を解決するために必要とされる．すなわち，トウサポートには，中足骨頭レベルの荷重面積を拡大し，つま先を正面に向けた減速動作においても前足部を安定させる機能が求められる．筆者は（図 3.24a, b）に示すトウサポートを用いている．これを装着して下り斜面に立つと，第1〜第5中足骨にわたって広い荷重面積が得られ，つま先の側方への動揺性がほぼ消失する．すなわち荷重面積と安定性の向上に貢献する．このトウサポートの凸部は床面に接触しない中節骨部に一致するため，足趾の正常な荷重を妨げない．

図 3.24　中足骨頭全体に荷重を分散するトウサポート

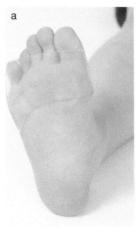

a）トウサポートは，中足骨頭レベルの荷重面積を拡大し，つま先を正面に向けた減速動作においても前足部を安定させる．

b）トウサポートをインソール本体の底面の溝に合わせるように貼る．インソールの上に立ったとき，トウサポートの凹凸に違和感がある場合，凹凸がほとんど感じられないような位置に 2 ～ 3 mm 移動させる．

トウサポートの注意点としては，第 5 中足骨頭をわずかながら挙上する点にある．これは外側アーチを降下させる作用を持つことになり，第 5 中足骨や立方骨周辺の関節に負荷を及ぼすことになりかねない．したがって，このトウサポートは，足部のドーム構造を再構築するためのアーチサポート機能を持つインソールと併用しなければならない．

（6）リアライン・インソール

リアライン・インソール（（株）GLAB 社）は，徒手療法と運動療法によって得られた非荷重位でのリアライメントの効果を荷重位で維持するため，筆者が開発したインソールである（図3.25）．事前の非荷重位でのリアライメントが行われていない場合でも，数週間のインソールの使用により，同様のリアライメントが進み，足部がインソールに適合するように設計した．

本体（軽量，耐久性，衝撃吸収），生地（摩擦，抗菌性，脱臭性，適度な吸湿性），ヒールカップ（踵球保護，踵骨棘の免荷），アーチサポート（立方骨を要石としたドーム構造再獲得のリアライメント），トウサポート（前足部の荷重圧分散と安定性向上）を備えた量産品である．足底腱膜，小趾外転筋，第 5 中足骨底を足底から圧迫しない構造となっており，不快感を生む可能性が小さい点が特徴である．ヒールウエッジ機能は持たないが，他のウエッジパーツをその底面に貼付することは可能である．またトウサポートとの併用を想定した構造となっている．

リアライン・インソールのアーチサポートの凹凸については，中間的な足部ドーム構造にフィットするように設計した．立方骨を要石とみなし，立方骨の支持によって 3 つのアーチを形成することを念頭において設計されている．すなわち，立方骨を支持することで，距骨下関節中間位への誘導，ショパール関節中間位への誘導，リスフラン関節内転の減少を同時に達成する．このような中間的な足部アライメントにフィットするように設計されているため，事前に非荷重位でのリアラインが完了していれば即座に，完了していなければ数週間のうちに足底にフィット

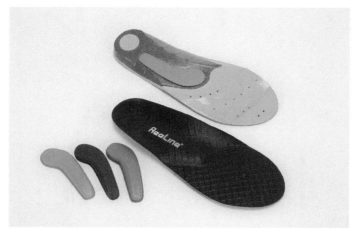

図 3.25　リアライン・インソールの概観

足底腱膜，小趾外転筋，第 5 中足骨底を足底から圧迫しない構造となっており，不快感を生む可能性が小さい．数週間のリアライン・インソールの使用により，足部がインソールに適合する．

する．その装着法を簡単に説明する．

　立方骨を支持しつつ，足関節の内・外側縦アーチを支持するリアライン・インソールは，踵立方関節を中間位に安定させるとともに踵骨を中間位に安定させるうえで有効である．テーピングに比べてとても簡便であるとともに，その効果の持続性やコストの面で大きな優位性がある．これによりショパール関節および踵骨の安定性を得ることにより，徒手療法によって得られた正常な距腿関節運動の持続性を向上させる効果が期待できる．

① サイズ決定

　リアライン・インソールのサイズはアーチ長によって決定する．すなわち，踵をヒールカップの中央に収めたとき，母趾球が凹凸のない位置に収まる必要がある．足のサイズよりもやや大きいインソールを使うと，足のアーチ長よりインソールのアーチ長が長くなり，母趾球の位置にインソールの凸部が来てしまう（図 3.26a）．むしろ，やや小さめのインソールを使うことにより，フラットなつま先部分に母趾球が乗り，フィットする（図 3.26b）．リアライン・インソールのサイズはアーチ長の実寸に基づいて設定されている．したがって，靴のサイズが 25.0 cm の場合，つま先にやや余裕のある靴を履いていることを念頭におくと，足長の実寸を 24.0 ～ 24.5 cm とみなし，やや小さめのサイズ 24 を選択する．

② 中央アーチパッドの選択

　リアライン・インソールの開発にあたって，立方骨の支持力に関して簡便に調節が行えるように設計した．立方骨の降下が著明であり，その周辺関節の可動性低下により立方骨の上昇が得られない場合は，装着初期の立方骨の支持力を軽減する必要がある．このような調節をアスリートが直感的に簡便に行えるよう，硬度の異なる 3 種類の中央アーチパッドを同梱している．足底面へのはめ込み式としたことにより，中央アーチパッドは容易に交換が可能となっている（図 3.27）.

図 3.26　誤ったサイズ設定

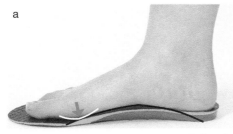
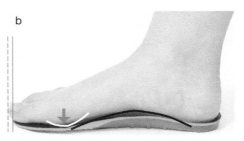

a　b

a）足のアーチ長よりもインソールのアーチ長が長い場合，母趾球が内側アーチサポートの凸部に乗り上げ，フィットしない．
b）小さめのインソールを用いた場合，平坦部に母趾球が位置するため，フィット感を損ねない．ただし，インソールが小さすぎると，つま先がインソールからはみ出す．

図 3.27　中央アーチパッドの交換

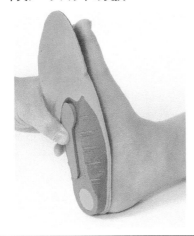

立方骨への支持力の調節をアスリートが直感的に簡便に行えるよう，硬度の異なる3種類の中央アーチパッドが同梱されている．足底面へのはめ込み式としたことにより，中央アーチパッドは容易に交換が可能となっている．

---

③　トウサポートの貼付

　リアライン・インソールには，トウサポートが別梱包となっている．まず標準的な位置にトウサポートを貼付し，インソールの上に立つことを推奨する．もしもトウサポートの凹凸が気になるようであれば，その位置から前後に数 mm 移動させつつユーザーが感触を確かめ，最も前足部のフィット感の良い位置に貼付する（p. 103 図 3.24b 参照）.

④　靴へのフィッティング

　足へのフィッティングを完了した後，インソールを靴にフィットさせる．シューズに内蔵されているインソールがある場合は，それを取り出して，そのインソールの輪郭にそってリアライン・インソールのつま先部分をカットする（図 3.28a）．通常，凹凸のあるアーチサポート部の輪郭をカットする必要はない．シューズの幅が極端に狭い場合，シューズのヒールカップが低い場合，最初からシューズの底面に凸凹がある場合は，このリアライン・インソールがシューズにフィットしない場合がある．陸上短距離のスパイク，サッカー用スパイク，スキーブーツ，スケート靴

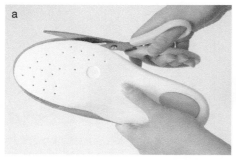

図 3.28　インソールの靴へのフィッティング

a

b

a) シューズに内蔵されているインソールの輪郭にそってリアライン・インソールのつま先部分（オレンジ色の部分）をカットする．
b) 靴に入れる際には，中央アーチパッドが落ちないように，足底面を上にして装着するとよい．

などはフィットできない可能性がある．靴に入れる際には，中央アーチパッドが落ちないように，足底面を上にして装着することを推奨する（図 3.28b）．

C. 運動療法（リアライン・エクササイズ）

　効率的なリアライン・コンセプトによるコンディショニングの進め方として，まず足部周囲の皮下組織や筋や腱などの滑走不全が解消され，タイプ1（p. 90 表 3.1 参照）の中間的な足部形状に近づいた状態で，運動療法に取り組むのが望ましい．もちろん滑走不全の解消が不十分な場合でも，特別なリスクがない限りは運動療法を開始することができる．足部のマルアライメントの修正過程において，ショパール関節をタイプ1の中間的な肢位にまで誘導することを目標とする．そのためには，ショパール関節の内・外転の可動性，立方骨の上方への可動性，そして舟状骨に対する楔状骨の内側への可動性を獲得しておく必要がある（p. 97 図 3.17c）．これにより，以下に述べる運動療法において，インソールやタオル，「青竹」などで立方骨を一定の高さに保持することにより理想の足部アライメントを保持し，その状態を保つために必要な筋活動パターンを学習させる（図 3.29）．

　運動療法の限界として，筋活動のみで足部アーチを理想的な状態に保つことを期待することはできない．それは，ショパール関節内側になるバネ靱帯が弛緩した場合，荷重によってショパール関節は外転し，必然的に内側アーチは降下する．このようなショパール関節を中間位に保つには，母趾外転筋に加えて後脛骨筋や長母趾屈筋，長趾屈筋などの筋力を最大限発揮し，しかもそれを荷重位において保持しなければならない．足関節も固定すると足部の内在筋や外在筋が同時収縮しやすいが，歩行なども含めて足関節運動を伴う場合は，同時収縮は困難となる．このような現象は立方骨の下方への不安定性，ショパール関節の内転不安定性においても同様である．以上を踏まえて，インソールやタオルなどによって立方骨の支持，ショパール関節の安定化を獲得した状態で足部の運動療法を実施することを推奨する．

① 内在筋トレーニング
　後述する足趾開排スクワットや足趾開排カーフレイズを行うためには，荷重位において足趾開

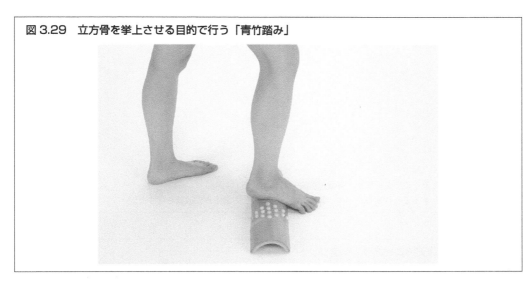

図 3.29　立方骨を挙上させる目的で行う「青竹踏み」

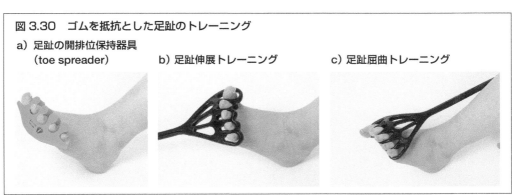

図 3.30　ゴムを抵抗とした足趾のトレーニング

a）足趾の開排位保持器具
　　（toe spreader）

b）足趾伸展トレーニング

c）足趾屈曲トレーニング

排・伸展位を保つ十分な足趾伸展筋力が必要である．足趾開排・伸展位を保持できないと判断した場合は，以下に述べるような足趾内在筋のトレーニングを先行させる．足趾内在筋としては，短趾屈筋，母趾外転筋，小趾外転筋，虫様筋などがあり，足趾屈曲もしくは伸展・開排の抵抗運動を行う．

　内在筋トレーニングを行う際には，中足趾節間関節をできるだけ外反・内反中間位で行うようにする．外反母趾の足において足趾屈曲トレーニングを行うと，母趾内転筋の活動によって外反母趾が助長されることがある．これを避けるため，外反母趾や内反小趾が認められる場合は，足趾の開排位保持器具（toe spreader）（図 3.30a）を用いて足趾中間位を保持した状態で，足趾伸展（図 3.30b），屈曲（図 3.30c），開排（図 3.32d）の自動運動を行う．一般的なゴムバンドのほか，市販の足趾筋力トレーニング器具を用いる場合もある．

　足趾屈筋トレーニング法として広く用いられているタオルギャザーを行う場合，足趾屈曲（図 3.31a）だけでなく，十分に開排・伸展（図 3.31b）を意識して実施するようにする．負荷を上げるためには，錘による抵抗を加えたり，足関節を底屈位から徐々に背屈位（図 3.31c）で行うようにする．

図 3.31　タオルギャザー

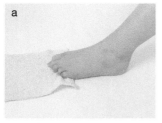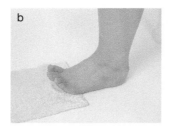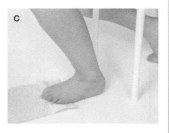

a）足趾屈曲トレーニング
b）タオルを引いたあとに十分に開排・伸展を強調して実施する．
c）足関節背屈位とすることにより，アキレス腱や下腿三頭筋との滑走性の改善を促す．

図 3.32　立方骨支持ニーアウトスクワット

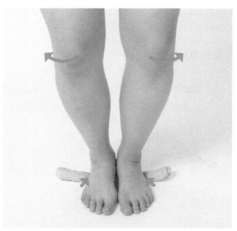

立方骨を床から 10 mm 程度の高さに保持しつつ，つま先に対して膝を外側に向けるニーアウトスクワットを行うことにより，ショパール関節の外転拘縮を改善する．

② 立方骨支持ニーアウトスクワット

　扁平足に対して，運動療法によって矢状面での内側アーチの上昇を促すことは難しいが，水平面でショパール関節の外転拘縮を改善することは可能である．立方骨支持ニーアウトスクワット（図 3.32）は，立方骨を床から 10 mm 程度の高さに保持しつつ，つま先に対して膝を外側に向けるニーアウトスクワットを行うものである．これはショパール関節が外転位にあり，徒手的に中間位に戻せない外転位拘縮を解消させることを目的とする．治療場面では，徒手的なリリースと組み合わせることが多い．これらによりショパール関節の中間位を獲得させたうえで，リアライン・インソールによって立方骨を支持しつつ，内側および外側縦アーチを支持して，中間的な足の形態に保持する．

D. 特殊な結果因子（病態，組織損傷）に対するローカル・リアライン

　足部の中間的なアライメントを獲得するうえで，ショパール関節中間位の獲得，立方骨の上昇，

舟状骨に対する楔状骨の内側偏位の3つの要素を同時に達成する．これをインソールで保持することにより，ショパール関節をできる限り中間位に保持しつつ，内転位にあるリスフラン関節を中間位に近づけるようにする．これらにより，踵骨から中足骨までのアライメントをある程度理想に近い状態に近づけていくことができる．しかしながら，上記は中足趾節間関節や近位・遠位趾節間関節の変形に対しては十分ではない．これらの足趾の変形・拘縮に対して，徒手的組織間リリースにより改善が得られる場合があるが，本書では足趾の変形の治療法を割愛する．

3.6 ローカル・スタビライズ

　ローカル・スタビライズは，ローカル・リアラインの終了，すなわち足部関節に違和感や痛みがなくスムーズな関節運動が可能となってから開始する．筋力発揮によって疼痛が出現する場合は，引き続きローカル・リアラインの段階にとどまるべきである．

（1）足趾開排スクワット
　足部の安定性を向上させる方法として，足趾を開排・伸展位に保持することが挙げられる．これは，足趾伸展による「ウインドラス（巻き上げ）機構」，足底腱膜や筋腱が伸張されることにより足部アーチの降下を防ぐ「トラス機構」を有効に活用するためである．足趾開排による母趾外転筋や小趾外転筋の緊張を高めることも足部の安定性を高める．トラス機構によるアーチ支持機能は，足趾屈筋の能動的な筋力よりも，足趾伸展位を保持することによる受動的な緊張によって得られる．このため足趾開排・伸展位を保持できない場合は，事項で述べる内在筋トレーニングを先行させるようにする．

　上記の足部による力の伝達能力を高めるためのトレーニングとして，足部の筋を同時収縮しつつ開排・伸展位を保持したままでスクワットやカーフレイズ，あるいはその他の荷重位でのエクササイズを行う．足趾開排スクワットは，ストップ，ジャンプの踏み切り，カッティングなどにおける足の機能を向上させるために行う．具体的には，足関節の背屈によって下肢全体を屈曲して衝撃吸収を行いつつ，足部を剛体化して地面に強く力を伝達できるようにする．前足部荷重を保つため，踵を床から2～3mm程度浮かせ，中足骨頭のみに荷重した状態を保つようにする．足部を剛体化しつつも，自在に足関節の運動を行えるようにすることが重要である．

（2）足趾開排カーフレイズ
　足趾開排カーフレイズは，ジャンプの踏切などにおいて足部を剛体化して下肢の筋力を地面に効果的に伝達するために必要な筋活動パターンの習得のために実施される．足趾開排スクワットと同様に，足趾伸展・開排位を保ちつつ足関節を底屈して，踵をできるだけ高い位置にまで挙上する．さらに，ジャンプ動作をゆっくり行うようにして足趾開排スクワットと足趾開排カーフレイズを連続的に行う．ジャンプの着地・離地と同様の下肢運動を，足部の剛体化とともに実施する．このような足部の筋活動パターンの習得により，スポーツ中の衝撃から靱帯など足部アーチ

を支持する受動組織を守るための筋機能を向上させる.

【まとめ】

　本章では，足部のマルアライメントとして，ショパール関節の外転拘縮（あるいは不安定性）もしくは内転拘縮，立方骨の降下，舟状骨に対する楔状骨の位置，さらにはリスフラン関節の内転拘縮などに注目したリアライン法を解説した．これらを非荷重位で獲得したうえで，その修正されたアライメントを荷重位においても保持するためにインソールを活用する．筋活動はインソールで支持された立方骨や内側・外側アーチをさらに強固な状態にするものであり，スポーツ活動には不可欠なものである．スポーツ活動においても筋活動を有効に使いこなせるようにするため，足部を剛体化しつつ，足関節を自在に動かす能力が重要となる．

文献

1) CW, D. G., and J, G.: Foot & Ankle Core Knowledge In Orthopaedics. Edited, 38-66, Philadelphia, Mosby Elsevier, 2007.
2) DJ, M.: Orthopedic physical assessment. Edited, 844-939, St. Louis, Saunders Elsevier., 2008.
3) Kaufman, K. R.; Brodine, S. K.; Shaffer, R. A.; Johnson, C. W.; and Cullison, T. R.: The effect of foot structure and range of motion on musculoskeletal overuse injuries. *Am J Sports Med*, 27(5): 585-93, 1999.
4) Koura, H.: Morphological study of the transverse arch of the foot. *Nihon Seikeigeka Gakkai Zasshi*, 58(2): 231-9, 1984.
5) Leung, A. K.; Cheng, J. C.; and Mak, A. F.: Orthotic design and foot impression procedures to control foot alignment. *Prosthet Orthot Int*, 28(3): 254-62, 2004.
6) Ridola, C., and Palma, A.: Functional anatomy and imaging of the foot. *Ital J Anat Embryol*, 106(2): 85-98, 2001.
7) Saltzman, C. L., and Nawoczenski, D. A.: Complexities of foot architecture as a base of support. *J Orthop Sports Phys Ther*, 21(6): 354-60, 1995.
8) 小林匠：足部アライメント不良に対する運動療法. In *Sports Physical Therapy Seminar Series 7 足部スポーツ疾患治療の科学的基礎*. Edited by 福林徹, and 蒲田和芳, 東京, ナップ, 2012.
9) Tol, J.L., et al., The relationship of the kicking action in soccer and anterior ankle impingement syndrome. A biomechanical analysis. *Am J Sports Med*, 30(1): 45-50, 2002.
10) McKenzie, D.C., D.B. Clement, and J.E. Taunton, Running shoes, orthotics, and injuries. *Sports Med*, 2(5): 334-47, 1985.
11) Newell, S.G. and A. Woodle, Cuboid Syndrome. *Phys Sportsmed*, 9(4): 71-6, 1981.
12) Bareither, D.J., C.M. Muehleman, and N.J. Feldman, Os tibiale externum or sesamoid in the tendon of tibialis posterior. *J Foot Ankle Surg*, 34(5): 429-34, 1995.
13) Xu, C., et al., Nonanatomic versus anatomic techniques in spring ligament reconstruction: biomechanical assessment via a finite element model. *J Orthop Surg Res*, 14(1): 114, 2019.

第4章

下肢のグローバル・リアライン

◆下肢のグローバル・リアラインは，下肢動的アライメントを修正するための多関節荷重運動を指す．下肢動的アライメントとは，主に荷重位での動作中の下肢の形（アライメント）と動き（キネマティクス）を含むものである．例えばスクワット中，ジャンプからの着地動作中などの下肢の動きを肉眼観察や動作分析機器を用いたデジタル計測によって把握することができる．

◆下肢動的アライメントを把握するうえでの最も簡便な判断基準は，股関節と足部を結ぶ直線（機械軸）に対して膝の位置を観察することであり，膝が機械軸の内側に位置する状態を動的外反（もしくは knee-in），外側に位置する状態を動的内反（もしくは knee-out）という．

　正面から見て機械軸から膝が離れた運動を望ましくない運動と位置づけ，これを動的マルアライメントと呼ぶ．動的マルアライメントは，前章までに説明した各関節の静的アライメントや単関節運動（キネマティクス）の修正（リアライン）によってある程度修正が可能である．本章では，前章までの関節ごとのリアライン実施後に，下肢全体の運動パターンを修正する方法（グローバル・リアライン）について述べる．

　下肢動的アライメントとは，主に荷重位での動作中の下肢の形（アライメント）と動き（キネマティクス）を含むものである．例えばスクワット中，ジャンプからの着地動作中などの下肢の動きを肉眼観察や動作分析機器を用いたデジタル計測によって把握することができる．好ましくない動的アライメントを意味する言葉として統一されたものはない．異常運動，動的不良アライメント，不良動作，など種々の言葉を用いることが可能である．不良な動的アライメントは，静的アライメントとは異なり動きを伴うものであるため，異常運動，病的運動，不良運動といった言葉が適切かもしれない．しかし，本書では，静的アライメントと動的アライメントを対比して考えることを重視して，異常運動を「動的マルアライメント」と呼ぶことにする．また，動的マルアライメントを修正することを「動的リアライン」と呼ぶ．

A. 動的マルアライメントと関節へのストレス

　動的マルアライメントの最も簡便な判断基準として，股関節と足部を結ぶ直線（機械軸）に対して膝の位置を観察することであり，膝が機械軸の内側に位置する状態を動的外反（dynamic valgus もしくは knee-in）（図 4.1），外側に位置する状態を動的内反（dynamic varus もしくは knee-out）という．正面から見て，機械軸に一致した位置に膝が位置することにより，機械軸のほぼ中央部に位置する膝に対する外反／内反モーメントは最小となる．一方，膝が機械軸の内側に位置すると膝には外部外反モーメント（図 4.1），外側に位置すると内反モーメントが加わることになる．

　上記のモーメントがもたらす関節への力学的ストレスは，多くの場合靱帯や関節包といった軟部組織に対する力学的ストレスとなる．例えば，垂直跳びの踏み切りにおいて，下肢の筋力によって生み出された下肢関節のトルクは下肢の伸展運動として床面に伝達され，その反作用によって身体重心を上方に移動させる．そのとき，外反もしくは内反モーメントが膝関節に生じるとすると，下肢の筋力の少なくとも一部は内・外反トルクを生み出すために使われ，そのことにより床面を押す下肢伸展力が減弱すると推測される．

　内・外反トルクによって生み出された内・外反運動は，その動きを制動する靱帯や関節包などの軟部組織を緊張させる．これらの軟部組織への過大なストレスを筋力が生み出そうとするとき，抑制性のフィードバックループが活性化され，筋力発揮が抑制される．つまり，自身の組織を破壊するような筋力発揮が抑制されることによって，自身の筋力による外傷発生が防止されている．以上の推論に基づき，できる限り前額面上の"無駄な"動きが生じない状態が理想的な動的アライメントであり，その習得を目指すべきであると考えている．

　着地動作やカッティング動作など，身体重心を減速させる動作では，身体の運動エネルギーを急激に減弱させることが求められ，制動組織に対して過大なストレスとなる場合がある．着地，ストップ，カッティングなどといった減速性の動作で発生する代表的な外傷が非接触型の膝前十字靱帯（ACL）損傷である．ACL 損傷は足部接地後 20 msec 以内に発生すると考えられており，

図 4.1 動的外反（dynamic valgus もしくは knee-in）

膝が外反し，膝が機械軸（実線）の内側に位置する状態であり，さらに外反を増強させるような外部外反モーメントが生じる．

固有需要覚からのフィードバックによる制御が間に合わない．このため，接地直前の下肢アライメントと筋の防御的な予備活動が重要であると考えられている．このような接地直前の準備は右手で釘を打つときの，釘を支える左手の役割に例えられる．すなわち，左手で適切な角度に釘を保持しつつ，右手で打撃を加えることによって上手に釘を打ち込むことができるが，左手による釘の保持に不備があると釘が傾いてしまって上手に打ち込むことができない．したがって，動的マルアライメントを理解するうえで，立脚相だけでなく遊脚相の下肢の状態も考慮するべきであろう．

B. 力学的ストレスと組織損傷

筋は伸張性に優れており，内・外反モーメントによって緊張が増大してもすぐに損傷するわけではない．一方，膝関節の関節包や靱帯は伸張性に乏しく，屍体実験では 10 ％以下の伸張によって容易に破断する（図 4.2）[1]．その破断が実際に起こる際の張力のことを破断強度という．内・外反モーメントによって靱帯の張力がその破断強度を超えると損傷（急性外傷）が起こり，破断強度以内であっても頻回／高回数の反復負荷によって炎症や微細損傷（慢性外傷）が起こる．

正面から見て，機械軸から膝が内側または外側に離れた運動を望ましくない運動と位置づけ，これを**動的マルアライメント**と呼ぶ．実際に外傷が発生する場面は，下肢および体幹のすべての関節運動が組み合わされた多関節であるとともに，床反力を足部が受け取る荷重運動であることが特徴である．すなわち，多関節荷重運動において，関節周囲の組織に過大な力学的ストレスを及ぼす可能性を最小化するために「**下肢動的リアライン（もしくはグローバル・リアライン）**」という概念が必要となる．

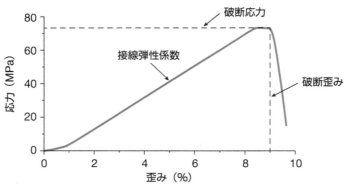

図4.2　膝前十字靱帯の破断強度

破断応力

接線弾性係数

破断歪み

応力（MPa）

歪み（%）

（Woo SL ら，*Am J sports med*, 19（3）：217-25. 1991）

屍体実験では10％以下の伸張によって容易に破断する.

C. 股関節伸展を伴う動作，股関節屈曲を伴う動作

　下肢動的リアラインを議論するにあたり，①歩行や走行のように主に股関節伸展を伴う運動と，②スクワットやジャンプの踏み切りの下降相・着地の下降相など膝関節屈曲と股関節屈曲を伴う運動に分けて考えると好都合である（図4.3）．前者は重心が前方に移動し続ける動作であり，重心の移動速度の減速を伴わない動作である．後者は重心の移動速度を減速させる動作であり，足関節背屈，膝関節屈曲，股関節屈曲を連動させて衝撃を吸収するものである．走行でもスピードが遅くなり，重心の上下動が大きくなると膝屈曲と股関節屈曲が同時に起こる場合があるが，本書ではこれを着地の反復と捉えて後者に含まれるものとする．

図4.3　下肢動的リアラインを議論するうえでの代表的な動作

a）股関節伸展が主体となる動作

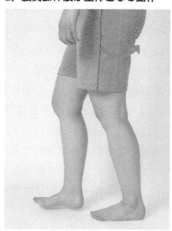

b）股関節・膝関節屈曲が主体となる動作

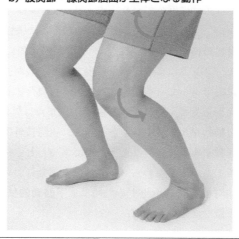

4.2 動作別マルアライメントと リアラインのポイント

A. 歩行

　歩行動作において動的マルアライメントが問題となるのは主に立脚相である．立脚相をいくつかの期に分け，期ごとに歩行動作中の床反力や関節運動が議論される（図4.4）[2]．以下，すべて右脚の立脚相を想定して説明を進める．

（1）立脚相

① 荷重応答期

　荷重応答期（図4.5）は，右踵接地から左足趾離地までの両脚支持期である．このとき膝は軽度屈曲し，通常前額面上の内・外反や水平面上の内・外旋はごくわずかである．この相踵接地の直前に大腿骨に対して下腿が外旋位にあると，踵接地直後の膝屈曲に伴って動的外反が生じる場合がある．また，変形性膝関節症や膝蓋大腿関節障害などにおいて軽度膝屈曲域で疼痛や脱力が起こると，荷重応答期の床反力を膝伸展筋力によって受け止めることができず，膝崩れを起こすことがある．このようなとき，疼痛が発生しやすい軽度屈曲位の踵接地を回避し，膝完全伸展位もしくは通常よりも大きい屈曲角度で踵接地（もしくは足部全面接地）によって代償される場合がある．踵接地における膝屈曲角度が大きくなると，その直後の動的外反が増強する場合がある．以上をまとめると，荷重応答期の下肢マルアライメントは，直前の遊脚終期の下肢動的アライメント（キネマティクス）と踵接地直後の膝伸展機構の疼痛や機能低下によって引き起こされ

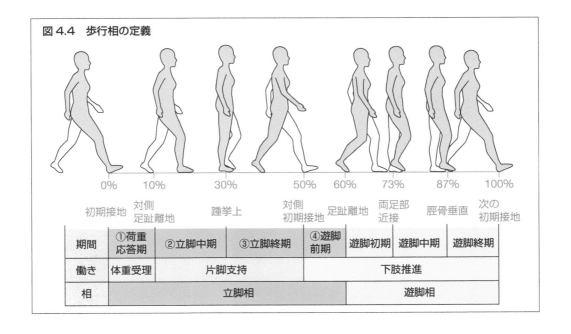

図4.4　歩行相の定義

	0%	10%	30%	50%	60%	73%	87%	100%
	初期接地	対側 足趾離地	踵挙上	対側 初期接地	足趾離地	両足部 近接	脛骨垂直	次の 初期接地

期間	①荷重 応答期	②立脚中期	③立脚終期	④遊脚 前期	遊脚初期	遊脚中期	遊脚終期
働き	体重受理	片脚支持		下肢推進			
相	立脚相				遊脚相		

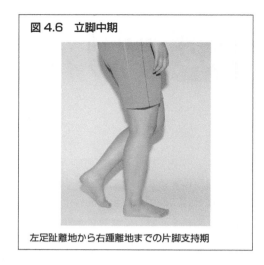

図4.5　荷重応答期
右踵接地から左足趾離地までの両脚支持期

図4.6　立脚中期
左足趾離地から右踵離地までの片脚支持期

る.

② 立脚中期

立脚中期は，左足趾離地から右踵離地までの片脚支持期である（図4.6）．一側で，膝を屈曲しつつ全体重を受け止める相であり，この層における下肢マルアライメントと痛みが関連しやすい．この相における動的外反や内反スラストは，膝周辺の軟部組織の張力を増大させたり，半月板や関節軟骨への圧縮力を増大させるなど，膝関節への機械的ストレスの増大を招く．また内反スラストの反復は，膝関節外側の支持機構である腸脛靱帯を緊張させ，中殿筋・大腿筋膜を介して股関節外転モーメントおよび寛骨の下方回旋モーメント（前額面上で仙腸関節上部を離開）を発生させ，多裂筋の防御的筋活動を引き起こすことが推測される（図4.7）．

③ 立脚終期

立脚終期は，右踵離地から左踵接地までの片脚支持期である（図4.8）．この時期には，地面を後方に押すことにより前方への推進力を得ることから，床反力の垂直方向にいわゆる第2のピークが出現する．関節運動としては股関節伸展，膝関節伸展，足関節底屈によって床を後下方に押

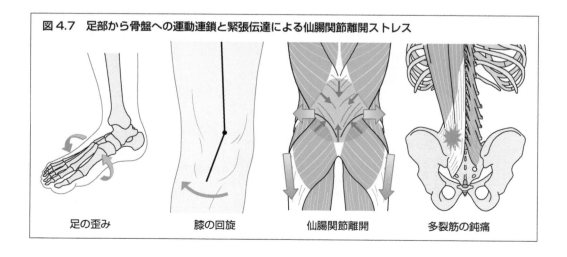

図4.7　足部から骨盤への運動連鎖と緊張伝達による仙腸関節離開ストレス

足の歪み　　　　膝の回旋　　　　仙腸関節離開　　　　多裂筋の鈍痛

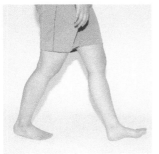

図 4.8　立脚終期

右踵離地から左踵接地までの片脚支持期

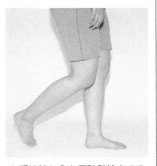

図 4.9　遊脚前期

左踵接地から右足趾離地までの両脚支持期

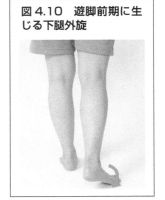

図 4.10　遊脚前期に生じる下腿外旋

して第 2 のピークを作るが，その後股関節と膝関節は屈曲に転じ，垂直方向への床反力を弱めつつ踵離地に至る．立脚終期後半の股関節・膝関節の屈曲相では，膝伸展筋は脱力した状態となる．一方，膝関節の屈曲時に痛みが生じると，この脱力が不完全になりやすい．その結果，下肢全体を棒状に保った遊脚期となり，通常足趾を床から離すために同側の骨盤の挙上が起こる．

④　遊脚前期

　遊脚前期は，左踵接地から右足趾離地までの両脚支持期である（図 4.9）．床反力は徐々に消失することから，荷重による下肢へのストレスは減弱するが，遊脚期への移行に必要な股関節屈筋の筋活動を必要とする．特に遊脚前期における膝屈曲相で下腿外旋が生じると（図 4.10），遊脚期から踵接地まで外旋位から脱出することができなくなる．このため，遊脚期の動的リアラインの修正のためには，遊脚前期の下腿外旋を修正することが必要となる．

(2) 遊脚相（遊脚初期，遊脚中期，遊脚終期）

　遊脚相は，右足趾離地から右踵接地までであり，地面に足部が触れていない時期である（図 4.11）．この時期の床反力は 0 ニュートンであるが，次の踵接地における下肢アライメントを決定づける時期である．遊脚期の膝関節回旋アライメントは，その前の遊脚前期に決定づけられることから，立脚終期から遊脚前期にかけての膝関節外旋の制動によって遊脚期の膝回旋アライメントを修正していく．

　膝関節における下腿外旋位のままで遊脚終期に入ると，踵接地に備えるため，足関節の背屈が起こる．その際に，足部を進行方向に向けようとして足部を内旋させる場合と，下腿外旋位のままつま先を外側に向けて踵接地する場合とがある（図 4.12）．いずれも踵外側から荷重することになるため，靴の踵外側が削れていく．それにより，踵接地時の後足部回外が助長され，後足部回外から下腿外旋を促す上行性の運動連鎖を誘発する．

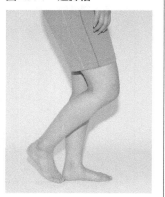

図4.11　遊脚相

右足趾離地から右踵接地まで，地面に足部が触れていない時期

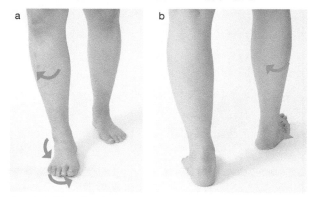

図4.12　遊脚終期に下腿外旋位である場合の接地パターン

a

b

a）足部を進行方向に向けようとして足部を内旋，後足部を回外位で接地する例

b）下腿外旋位のまま，つま先を外側に向けて踵外側で接地する例

B．走行

走行動作においても，動的マルアライメントが問題となるのは主に立脚期である．そこで，立脚期をいくつかの相に分けて動的アライメントの特徴を理解する必要がある（図4.13）．以下，すべて右足の立脚期を想定して説明を進める．

（1）立脚相

走行における初期接地には踵接地，全面接地，前足部接地の3種類があり，床反力に著明な相違が生じる（図4.14)[3]．踵接地を行う場合は，立脚相は踵接地，全面接地，踵離地，足趾離地から構成され，歩行と同様の相を呈する．前足部接地の場合は，前足部接地から足趾離地となる．全面接地の場合は，相対的に踵よりも前足部への荷重が強くなることから，力学的には前足部接地と同様に取り扱うこととする．

図4.13　走行動作の相

| 初期接地 | 離地 | 遊脚初期 | 遊脚中期 | 遊脚終期 |
| 立脚相 | | 遊脚相 | | |

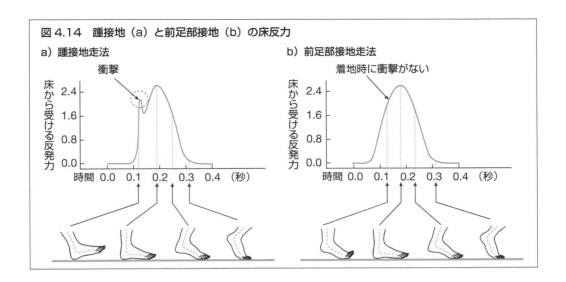

図4.14 踵接地（a）と前足部接地（b）の床反力

a）踵接地走法

衝撃

床から受ける反発力

2.4
1.6
0.8
0.0

時間 0.0 0.1 0.2 0.3 0.4 （秒）

b）前足部接地走法

着地時に衝撃がない

床から受ける反発力

2.4
1.6
0.8
0.0

時間 0.0 0.1 0.2 0.3 0.4 （秒）

① 踵接地走法（図4.14a）

　踵接地を伴う場合は，踵への荷重時おいて床反力の急激な立ち上がり（スパイク）が生じる．その後，踵離地付近において前足部で地面を下方に強く押し込むため，2つ目のピークが生じる．このため，下肢へのストレスも踵接地と踵離地の2回のピークが生じることとなる．

　第1のピークでは，踵への直接の荷重に伴う踵部脂肪体へのストレス，踵骨に外部底屈モーメントが加わることによる距骨下関節へのストレス，さらには脛骨を介した膝関節，大腿骨を介した股関節，そして仙腸関節へのストレスなどが生じる．特に靴の踵外側部が削れている場合は，踵骨に対して外部回外モーメントが加わる．

　第2のピークでは，踵接地から全面接地にかけての下肢マルアライメントの影響が強まることとなり，膝関節の動的外反に連動した脛骨に対する距骨外旋，ショパール関節外転，足部内側アーチ降下などの運動連鎖が観察されることがある．

② 前足部接地走法（図4.14b）

　前足部接地は，主に短距離走や体幹前傾位でのスタートダッシュなどで見られる走法である．近年では，長距離走でも前足部接地を用いるランナーが増えてきているため，走行距離による分類が無意味なものとなってきた．床反力のピークは1つであり，前足部接地の直後にピークを迎え，その床反力をそのまま推進力に変換する．

　進行方向に対して減速を行わない走法であるため，効率的に推進力を生み出すことができる．しかし，垂直方向の衝撃吸収と推進力発揮の両方のストレスが同時に前足部やアキレス腱に集中する．垂直方向の床反力のピーク時に，下肢には急激なアライメント変化を伴う力学的ストレスが加わることとなり，下肢関節への負担が大きい走法であるともいえる．加えて，足関節底屈筋およびアキレス腱への負担が大きく，背屈制限を引き起こしやすい．

　前足部接地での走法に向いている条件として，下肢全体のアライメントが良好で荷重時の膝における内・外反運動が小さいこと，足関節背屈可動域が小さくアキレス腱の伸張・短縮サイクルを効果的に使えること，足部の剛性が高く荷重時に足部のアライメント変化が小さいこと，などが挙げられる．逆に，足関節背屈可動域が大きい場合や足部の剛性が低い足では，接地時のアライメント変化が大きいため外傷発生のリスクが大きいと考えられる．

(2) 遊脚相

　遊脚相は，膝の巻き込みによって少ないエネルギー消費で素早く下肢を降り出す相である．下肢には多数の二(多)関節筋があり，一方の関節の運動による二関節筋の伸張によって効率的に他の関節を動かすことができる（図4.15）[4]．

　遊脚初期には，股関節の深い屈曲によって下肢の重心を股関節に近づけることにより，最低限の力で股関節屈曲の角速度を高めることができる．股関節屈曲の主な力源は股関節屈筋群であるが，膝屈曲によって生み出される大腿直筋の緊張が補助的に作用し，股関節屈筋群の筋活動への依存度を減らしている（図4.15a）．さらに，膝屈曲の力源はハムストリングスの筋活動だけでなく，立脚終期の足関節底屈による床反力と，股関節伸展による縫工筋の緊張などが膝屈曲を助ける（図4.15b）．

　このような遊脚初期の膝屈曲が制限されると，振り出し動作の効率が低下し，股関節屈曲の角速度の低下，ハムストリングスや股関節屈筋の疲労を招くと推測される．したがって，他動的な膝屈曲の制限因子を可能な限り弛め，他動屈曲における抵抗を減らすことが重要である．腹臥位で，膝屈曲方向に足部を軽く押した際に容易に踵が殿部に触れるような大腿四頭筋の柔軟性が求められる（図4.16）．陸上選手（長距離，短距離ともに）などでは踵が殿部に触れる可動域を獲得するため，大腿四頭筋に対して組織間リリースを施行する．

　遊脚初期の膝関節回旋アライメントは，立脚終期における下腿外旋によって決定づけられる．立脚終期の膝関節の初期屈曲において下腿内旋が不十分だと，下腿外側が後方に引き込まれ下腿

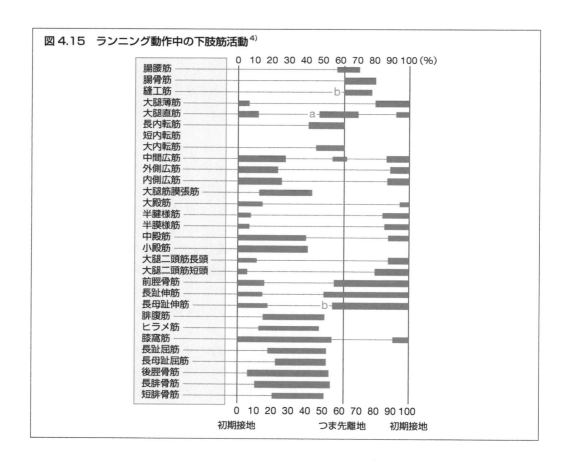

図4.15　ランニング動作中の下肢筋活動[4]

図4.16　走行中の遊脚相の膝屈曲可動域に関連する大腿四頭筋の柔軟性テスト

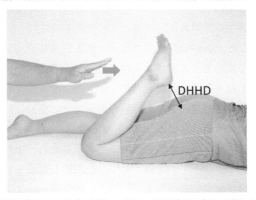

腹臥位・膝屈曲90°で，検者が下腿の前面を軽く押した際に，膝がどの程度まで屈曲するのかを評価する．このときの踵と殿部の距離を動的踵殿距離（Dynamic Hip-Heel Distance：DHHD）とし，大腿四頭筋柔軟性の指標とする．

図4.17　初期屈曲における下腿内旋を促す膝窩筋トレーニング

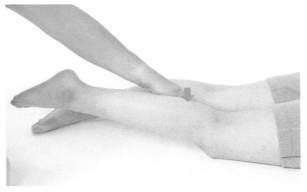

下腿近位内側に抵抗を加え，膝完全伸展位から15°まで，下腿内旋しつつ膝を屈曲させる．

外旋位となる．この下腿内旋には，内側ハムストリングスや膝窩筋の機能が重要であり，その機能向上のため初期屈曲における下腿内旋を促す膝窩筋トレーニングを行う（図4.17）．

　遊脚中期から遊脚終期にかけて，股関節屈曲が減速しつつ，膝関節は伸展して踵接地もしくは前足部接地に備える．この際にテイクオフで決定づけられた膝関節の回旋アライメントを変化させることは難しい．その代わりに，つま先を正面に向けるように後足部回外を伴う距骨内旋が見られることがある（図4.12a）．これにより，足底外側での接地および荷重が引き起こされ，立脚期の足部アライメントとしては望ましいとはいえない．遊脚期において膝関節回旋アライメントの修正はほぼ不可能だが，足部の調節は可能である．足部による調節を回避するには，膝関節における下腿外旋アライメントを修正することが必要であり，立脚終期の下腿内旋機能の向上によって修正を図る．

C. スクワット・ジャンプ

　スクワットや垂直跳びなど上方へのジャンプは，一度下肢関節を屈曲したのち伸展して，地面を下方に押す力を利用して重心を上方に押し上げる動作である．床反力によって重心が得た上方への加速度が重力加速度を超える場合は離地してジャンプとなり，それ以下の場合は離地せずスクワットとなる．このため，スクワットと上方へのジャンプの関節運動は共通であり，アライメントを分析する際にも同列に扱うことができる．

　これらの動作を分析するうえで，全体像を瞬時に把握するため，下肢全体のアライメントを意味する「グローバル・アライメント」の評価として，股関節と足部を結ぶ直線を基準として膝関節がどこに向くのかに着目されている（図4.1）．一方，各関節へのストレスや痛みのメカニズムを詳細に分析するためには，足部，足関節，膝関節，股関節，骨盤，脊椎など個々の関節の「ローカル・アライメント」の微細な変化，キネマティクス（運動学），キネティクス（運動力学）を把握する必要がある．

　一方，走り幅跳びやカッティングは重心を水平方向に動かしつつ上方または側方に跳躍する動作である．ただし，カッティングの場合は，両脚支持期を含む場合があるため跳躍とはいえない場合もある．股関節と足部を結ぶ直線を基準として膝関節がどこに向くのかというグローバル・アライメントに着目すると，スクワットや垂直跳びとの共通点が多い．したがって，本書ではこれらを割愛する．

（1）グローバル・リアライン

　下降相は重心を下げる局面であり，下肢関節を屈曲することによって行われる．正面から見て股関節と足部を結ぶラインに対して膝が内側に向く動きを動的外反（knee-in），外側に向く動きを動的内反（knee-out）と呼ぶ．動的外反は膝前十字靱帯（ACL）損傷や膝蓋大腿関節の病変の原因であると考えられてきた．ACL損傷の受傷機転は着地，ストップ，カッティングなどの減速性の動作である．屍体膝や数学的モデルの研究で検証されてきたが，その因果関係を証明した高いエビデンスレベルの研究は皆無に近い．

　前額面における単純な力学モデルによると，動的外反では脛骨大腿関節の外側コンパートメントが圧縮，内側コンパートメントの軟部組織に伸張される．また，動的内反ではその逆になる．これに水平面の要素を加えると，骨盤に対する大腿骨内旋，膝関節において大腿骨に対する下腿外旋，足関節において下腿に対する距骨外旋などが組み合わされる．体表マーカーを用いた3次元動作分析において6.2°の外反が観察されたが，二方向X線透視を用いた精密な外反角度は1.8°であった．健常者を対象とした研究において，二方向X線透視による精密なキネマティクス分析から得られた脛骨前方移動量と膝外反角との間に相関が認められなかった（図4.18）[5]．すなわち，膝屈曲に伴って前額面で動的外反が認められるからといってACLや内側側副靱帯（MCL）がただちに損傷するわけではなく，着地などで外側コンパートメントにおいて大腿骨が脛骨から離れるリフトオフは滅多に起こらないと推測される．なお，コンタクトスポーツなどで膝屈曲を伴わずに膝伸展域で2～3°程度の外反が強制されると，MCL損傷やACL損傷が起こる場合がある．

　それではグローバル・アライメントを整える意義とは何か？　第1に下肢によって発揮された

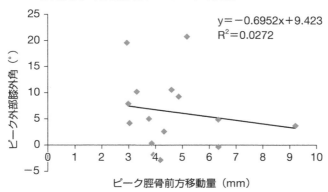

図 4.18　着地における膝外反角と外部膝外反モーメントの関係[5]

$$y = -0.6952x + 9.423$$
$$R^2 = 0.0272$$

（グラフ縦軸：ピーク外部膝外角（°）、横軸：ピーク脛骨前方移動量（mm））

二方向 X 線透視による精密なキネマティクス分析から得られた脛骨前方移動量と膝外反角には，相関が認められなかった．

筋出力を最大限有効に地面に伝えること，第 2 に膝関節の外反や下腿外旋の制動といった地面に伝達されない無駄な力を最小限とすること，の 2 点が挙げられる．地面に伝える下肢の力は，下肢の矢状面の運動によって生み出され，前額面や水平面の運動による靱帯や関節包へのストレスが最小となるような理想的な関節運動においてもたらされる．関節周囲の軟部組織へのストレスを最小化するような動きが望ましいことに異論の余地はないであろう．

　理想的な脛骨大腿関節として，レッグプレス運動において膝屈曲に伴って 20° 程度の下腿内旋（ロールバック）が起こるが，変形性関節症が進行するにつれて脛骨外旋・外方偏位が進行する（図 4.19)[6]．屈曲に伴う脛骨内旋を促す運動を行うことにより，脛骨大腿関節の内側および外側コンパートメントに適切な荷重量の分散が得られ，軟部組織へのストレスを最小化すると考えられる．スクワットにおいて屈曲・内旋を誘導するには，股関節と足部を結ぶ線上に膝を曲げるのではなく，足部の真上に膝を曲げる下腿垂直スクワット（軽度の動的内反位）が望ましい（図 4.20)．このとき地面に固定された足部の上で下腿は外旋位となるため，足関節の理想的な背屈・内旋を促すことになるため好都合である．したがって，脛骨大腿関節の軟部組織へのストレスを減弱させるため，軽度内反位となるような動的アライメントでの運動習慣の獲得を促す．

　理想的な膝蓋大腿関節運動の条件として，膝蓋骨と大腿骨滑車の接触面積を最大化することが望ましい．接触面積と関節力は反比例の関係にあることから，膝蓋骨外方偏位に伴う接触面積の減少は関節圧を数倍に増幅させ，関節面の摩擦の増大，そして長期的には関節軟骨の変性を加速させる可能性がある．極端な例として，膝蓋骨の外側への亜脱臼に伴い，接触面積が減少し，それには著明な大腿骨の内旋を伴うことが荷重位での MRI を用いた研究において明らかにされた（図 4.21)[7]．大腿骨内旋はすなわち膝関節の動的外反を生じさせることから，大腿骨を軽度外旋位とした下腿垂直スクワットを支持する結果であると解釈される．

　膝蓋大腿関節の接触面を最大化する手段として，膝屈曲位における膝蓋骨外方偏位を最小化すること，そして下腿を内旋させることにより脛骨粗面を内側に移動させることの 2 点がある．前者は，膝蓋骨外側の軟部組織の癒着・過緊張の影響を解消すること，後者は下腿垂直スクワットなど，軽度内反・内旋位での膝屈曲運動によって脛骨粗面を内側に移動させつつ下肢の筋力を強化する（図 4.20)．

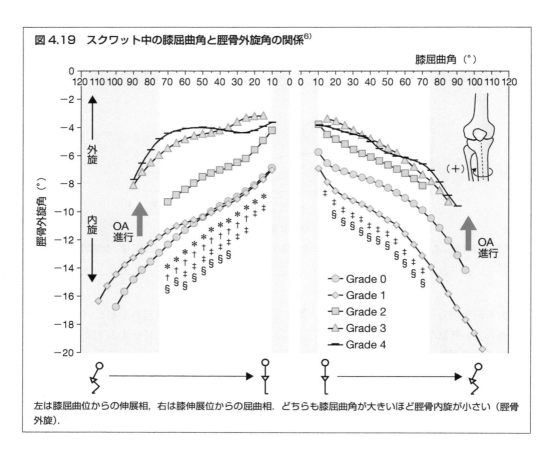

図 4.19　スクワット中の膝屈曲角と脛骨外旋角の関係[6)]

左は膝屈曲位からの伸展相，右は膝伸展位からの屈曲相．どちらも膝屈曲角が大きいほど脛骨内旋が小さい（脛骨外旋）．

図 4.20　膝屈曲に伴う下腿内旋を得るための下腿を垂直位を保つスクワット動作

図 4.21　荷重位 MRI による，膝蓋骨亜脱臼患者における大腿骨内旋を伴う膝蓋骨外方偏位・傾斜の増強[7]

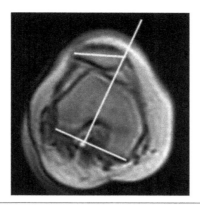

(2) ローカル・リアライン

　グローバル・リアラインを達成することは，習慣化された下肢動的マルアライメントを改善するための神経筋再教育だけでなく，軟部組織の伸張性・滑走性の適応も必要である．前者に対して，後述するグローバル・リアライン・トレーニングを行うが，その効果は軟部組織の許す範囲にとどまる．すなわちグローバル・リアラインの効果は，ローカル・リアラインの達成状況に左右される．このため，前章までに述べたように，関節ごとに理想的なアライメントを獲得しておくことが望ましい．以下，各関節のローカル・リアラインについて簡潔に記載する．

① 膝関節（第 1 章）

　静的アライメントにおいて内反もしくは外反を呈する場合がある．両方において大腿骨に対する脛骨は外旋位にあり，Q-angle は増大する．また膝屈曲位における膝蓋骨外方偏位は膝蓋大腿関節の接触面積の減少，関節力の増大，摩擦の増大を引き起こすと考えられる．これらの問題を解決するため，必要に応じて，膝蓋骨外方偏位を引き起こす外側広筋外側縁，中間広筋外側縁，腸脛靱帯，外側膝蓋支帯などの滑走不全に対して組織間リリースを行う．また下腿外旋拘縮に対して，脛骨大腿関節の関節包とその周囲の筋・腱および他の軟部組織との滑走性を改善させる．ローカル・リアラインとして，膝屈曲に伴う下腿内旋を促し，正常なスクリューホームメカニズムを再獲得させるためのリアライン・レッグプレスを用いた下腿内旋エクササイズを行う．

② 足関節（第 2 章）

　足関節に見られる典型的なマルアライメントは，背屈位における距骨外旋，底屈位における足部内返しに集約される．背屈位では距骨滑車の内側部の後方移動が制限されることにより，外側のみが後方に移動することにより距骨外旋位を呈する．距骨滑車内側の後方移動制限には，後脛骨筋腱，長趾屈筋腱，脛骨神経，長母趾屈筋腱，そしてアキレス腱を含む下腿三頭筋の滑走不全が関与する．一方，底屈位の内反位は，前脛骨筋や長母趾伸筋の滑走不全により，足関節内側部の底屈制限によってもたらされる．以上に対して，滑走不全に対する組織間リリース，距骨滑車内側の後方移動を促すテーピングもしくはリアライン・ソックスおよびニーアウトスクワット，リアライン・レッグプレスなどを行う．

③ 足部（第 3 章）

　足部のリアラインの目的は，後足部に対する前足部アライメントの最適化，中足骨の平行化を

含む足部の立体的なドーム構造の獲得に集約される．具体的には，ショパール関節の内転もしくは外転拘縮の解消，立方骨の挙上可動性およびインソールによる支持，舟状骨に対する楔状骨の内転可動性の改善を図る．後足部の傾斜，立方骨の支持，内側・外側・横アーチの支持にはインソールが最も合理的であり，立方骨の支持に最適化されたリアライン・インソールの使用を推奨する．

④　股関節・骨盤・脊椎（前著）

　これらの関節のリアラインについては前著『リアライン・トレーニング〈体幹・股関節編〉』に記載した．股関節は球関節であり，その周囲の筋活動によって膝関節の位置を決定づける．片脚スクワットや片脚着地において，重心線が足部の中央付近に降りるように下肢動的アライメントに対して代償的に脊椎の傾斜や側屈が生じることがある．スクワットにおいて動的外反を呈する場合は，股関節の外転・外旋筋を強化することによりその修正を図る．さらに，骨盤を前額面で水平に保つことにより，脊椎の側方傾斜や側屈を最小化する．

　骨盤マルアライメントとしては，矢状面における寛骨の前後傾による非対称性，前額面における寛骨下方回旋による仙腸関節の上部の離開，水平面における寛骨内旋による仙腸関節後部の離開などが挙げられる．また，前述の寛骨アライメントに加えて，前額面上の仙骨の傾斜，矢状面での仙骨の前傾不足，水平面での仙骨の回旋などを伴う場合がある．これらに対して，リアライン・コア骨盤ユニットを用いた骨盤対称化，仙腸関節の安定化を図る．加えて，大殿筋，腹横筋，多裂筋など仙腸関節安定化筋を集中的に強化する．

　脊椎に関しては，リアライン・コア胸郭ユニットを用いて，胸椎の可動性を改善するため胸郭前面の上下方向への伸張性，中位・下位胸郭の側方への拡張可動性を改善する．そのうえで，矢状面における骨盤傾斜のコントロール，前額面における骨盤傾斜を最適化して脊柱の側弯を最小化する．

4.3 グローバル・リアライン

　リアライン・バランスシューズ＜膝関節用＞（（株）GLAB 社，図 4.22）は，スクワットやラン
ジ，ジャンプの離地や着地などを含むあらゆる荷重運動の動的アライメントを整えるために開発
された．具体的には，足底面を水平に保つことにより，スクワットなどの膝屈曲位において理想
的な下肢関節運動を促す（図 4.20）．

図 4.22　リアライン・バランスシューズ＜膝関節用＞の外観

バランス軸

[裏面]

[表面]

第 4 趾列の真下にバランス軸を備え，この上で荷重位での運動を行う際に常に足底面を水平に保つことにより，理
想的な下肢関節運動を促す．

　膝をやや外側に向けるとバランスシューズは外側に，膝をやや内側に向けるとバランスシュー
ズは内側に傾く．このため，バランスシューズがわずかでも揺れる場合は，足部や足関節を固定
しようとするのではなく，曲げていく膝の方向を微調整して最もバランスシューズが揺れない状
態で，すべてのトレーニングを行う．

　集中力を高めるため，1 回のトレーニングセッションは 15 分間以内とする．また習熟度に応
じて，Level 1 を 5 分間，Level 2 を 5 分間などのように，各レベルの時間の配分を調節する．
熟練者では，Level 1 ～ 3 を各 1 分間にとどめ，Level 4 を 7 分間のように，課題とする Level に
十分な時間を配分するようにする．

★リアライン・トレーニング関連デバイスの購入についてのお問い合わせは，株式会社 GLAB（info@realine.
　info，https://realine.info）へお願いいたします．

A. Level 1

Level 1 は両脚を接地したまま行う種目のみで構成される．この段階で股関節のコントロールによっ
てバランスシューズが揺れないような下肢アライメントを理解し，意識下で作り出し，それを習慣化する．
各種目の反復回数は 5 回×3 ～ 5 セットなどのように，集中力を高めるため反復回数を少なくする．

（1）両脚スクワット（図 4.23） Level 1

① 肩幅のスタンスをとり，つま先を正面に向ける（a）．

② つま先（第 4 趾）の真上に膝を保ちながら，膝を曲げたときにバランスシューズが揺れない膝
　の位置を確認する（b）．

③ 降下相 4 秒，挙上相 4 秒かけてゆっくりとスクワットを繰り返す．

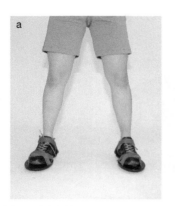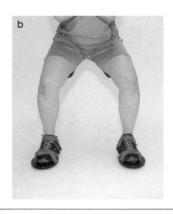

（2）ワイドベーススクワット（図 4.24） Level 1

① 肩幅の 1.5 倍のスタンスをとり，つま先を正面に向ける（a）．

② 両側の股関節を外旋し，膝を足部に対して 20 ～ 30° 外側に向けつつ膝を曲げる．下腿に対し
　て大腿を外旋させるように意識する（b）．

③ つま先（第 4 趾）の真上に膝を保ち，床に対して下腿が垂直の状態を保ちつつ，膝を曲げたと
　きにバランスシューズが揺れない膝の位置を確認する．

④ 降下相 4 秒，挙上相 4 秒かけてゆっくりとスクワットを繰り返す．

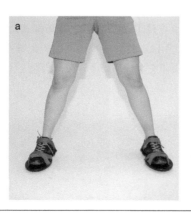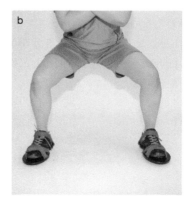

（3）サイドランジ（図 4.25）

Level 1

①肩幅の 1.5 倍のスタンスをとり，つま先を正面に向ける（a）．

②一側の股関節を外旋し，膝を足部に対して 30 ～ 45° 外側に向けつつ膝を曲げる（b）．下腿に対して大腿を外旋させるように意識する．

③床に対して下腿が垂直の状態を保ちつつ，膝を曲げたときにバランスシューズが揺れない膝の位置を確認する．対側の膝は伸展位を保つ．

④降下相 4 秒，挙上相 4 秒かけてゆっくりとサイドランジを繰り返す．

※徐々に足部を左右に大きく開くことにより，難易度を高めていく．

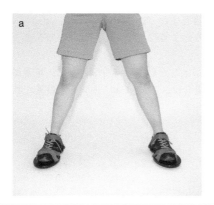
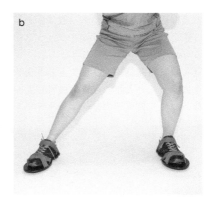

（4）フォワードランジ（図 4.26）

Level 1

①踵とつま先の距離が 15 cm 程度となるように足部を前後に開いたスタンスをとり，つま先を正面に向ける（a）．

②前脚のつま先（第 4 趾）の真上に膝を保ち，体重を前足に 70% 乗せる（b）．

③床に対して下腿が垂直の状態を保ちつつ，膝を曲げたときにバランスシューズが揺れない膝の位置を確認する．このとき骨盤が前後に動かないように，床に垂直に上下に動く．後ろ脚の踵は床から離れてもよい．

④降下相 4 秒，挙上相 4 秒かけてゆっくりとスプリットスクワットを繰り返す．

※徐々に足部を前後に大きく開くことにより，難易度を高めていく．後ろ足の踵は浮いてもよい．

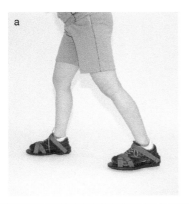
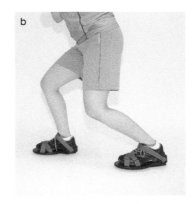

Level 2 は片脚を地面から浮かせる種目のみで構成される．この段階では片脚荷重時に股関節のコントロールによってバランスシューズが揺れないような下肢アライメントを理解し，意識下で作り出し，それを習慣化する．特にニーリフトが重要であり，これが安定してできるようになることを次の Level 3 に進むための必要条件とする．各種目の反復回数は 5 回×3 〜 5 セットなどのように，集中力を高めるため反復回数を少なくする．

（1）ニーリフト（図 4.27）   Level 2

①肩幅のスタンスをとり，つま先を正面に向ける（a）．

②膝を 45 〜 60°程度屈曲させたスクワットの姿勢となる．このとき，荷重側の下肢を，サイドランジで習得したニーアウト（股関節外旋位）に誘導する（b）．

③一側の膝を動かさず，バランスシューズを揺らさないようにしながら，対側の膝を真上に引き上げる（c）．

④片脚立ち（膝屈曲位）の状態で 5 秒間静止する．挙上した足部を下ろすときは，足音が鳴らないようにゆっくりと下ろす．5 秒間静止できない場合は，下肢アライメントが最適な状態とはいえないため，荷重側のニーアウトをさらに強調する．

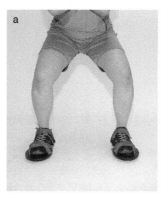  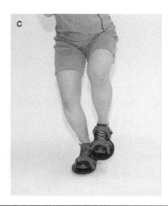

(2) スクワットステップ（図4.28）

①肩幅のスタンスをとり，つま先を正面に向ける．

②膝を45〜60°程度屈曲させたスクワットの姿勢となる（a）．

③骨盤をできるだけ左右に移動させず，また側方に傾斜させないようにしつつ，荷重側の膝を動かさないようにしながら，足踏みを行う（b, c）．

④足踏みのリズムを徐々に早くし，20秒間継続する．

※最初は足音が聞こえてこないようにゆっくりと行う．バランスシューズが揺れないことが確認されたら，徐々に足音を許容しつつ早く移動するようにする．

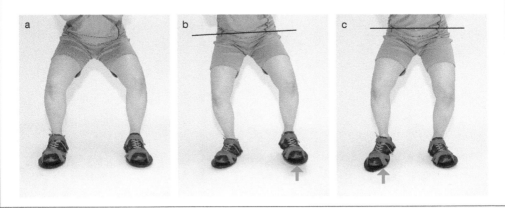

(3) サイドステップ（図4.29）

①肩幅のスタンスをとり，つま先を正面に向ける．

②膝を45〜60°程度屈曲させたスクワットの姿勢となる．

③バランスシューズを揺らさないようにしつつ，一側の足部を10 cm程度外側に踏み出し（a），次に対側の足部を10 cm程度近づける（b）．

④反対方向に1歩ずつ踏み出して元の位置に戻る（c）．

⑤上記の③と④を繰り返しつつ，徐々に移動速度を速くする．

※最初は足音が聞こえてこないようにゆっくりと行う．バランスシューズが揺れないことが確認されたら，徐々に足音を許容しつつ早く移動するようにする．

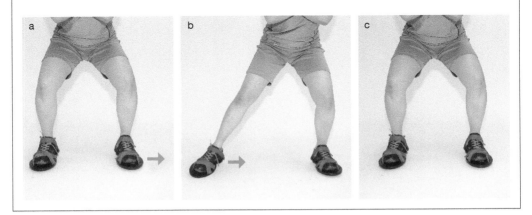

（4）前後ステップ（図4.30）Level 2

①肩幅のスタンスをとり，つま先を正面に向ける．

②膝を 45 〜 60° 程度屈曲させたスクワットの姿勢となる．

③バランスシューズを揺らさないようにしつつ，一側の足部を 10 cm 程度前方に踏み出し（a），
次に対側の足部を 10 cm 程度近づける（b）．

④後方に 1 歩ずつ踏み出して元の位置に戻る（c）．

⑤上記の③と④を繰り返しつつ，徐々に移動速度を速くする．

※最初は足音が聞こえてこないようにゆっくりと行う．バランスシューズが揺れないことが確認
されたら，徐々に足音を許容しつつ早く移動するようにする．

C. Level 3

Level 3 は両脚で安全にジャンプ・着地ができるようになるための種目で構成される．この段階では，両脚ジャンプの踏み切りと着地の両方において，バランスシューズがまったく揺れないような下肢アライメントを理解し，意識下で作り出し，それを習慣化する．

各種目を進める過程で，少しでも揺れるようであれば次の種目に進んではいけない．つまり，各種目で揺れが完全に消えることが次の種目に進むための必要条件である．各種目の反復回数は 3 ～ 5 回×3 ～ 5 セットなどのように，集中力を高めるため反復回数を少なくする．

（1）クィックスクワット（図4.31） Level 3

①肩幅のスタンスをとり，つま先を正面に向ける（a）.
②垂直跳びの沈み込みをイメージして，素早く膝を 45 ～ 60° 程度屈曲させたスクワットの姿勢となる（b）.
③ゆっくりと膝を伸ばして，元の状態に戻る．

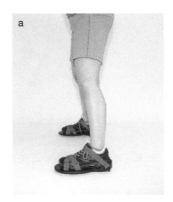 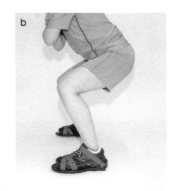

（2）クィックスプリットスクワット（図4.32） Level 3

①踵とつま先の距離が 5 ～ 15 cm 程度となるように足部を前後に開き，つま先を正面に向ける（a）.
②垂直跳びの沈み込みをイメージして，素早く重心を真下に下げ，前脚の膝を 45 ～ 60° 程度屈曲させたスプリットスクワットの姿勢となる（b）.
③ゆっくりと膝を伸ばして，元の状態に戻る．

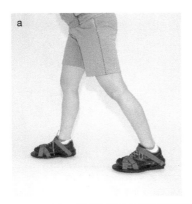 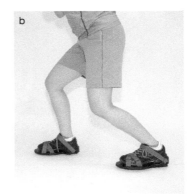

（3）両脚ジャンプ（図4.33）   Level 3

①肩幅のスタンスをとり，つま先を正面に向ける（a）．
②素早く膝を45〜60°程度屈曲させてから垂直跳びを行う（b, c）．最初は，床からつま先が
　3cm程度離れる程度とする．
③できるだけ足音を小さくするように着地する．

※踏み切り，着地の両方でバランスシューズがまったく揺れないことが確認されたら，徐々に高
　く跳ぶようにする．

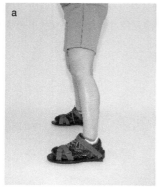  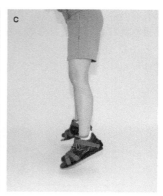

（4）両脚スプリットジャンプ（図4.34）   Level 3

①踵とつま先の距離が5〜15cm程度となるように足部を前後に開き，つま先を正面に向ける
　（a）．
②垂直跳びの沈み込みをイメージして，素早く前脚の膝を45〜60°程度屈曲させてから垂直跳
　びを行う（b, c）．最初は，床からつま先が3cm程度離れる程度とする．
③できるだけ足音を小さくするように着地する．

※踏み切り，着地の両方でバランスシューズがまったく揺れないことが確認されたら，徐々に高
　く跳ぶようにする．

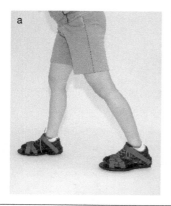  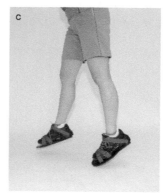

D. Level 4

　Level 4 は片脚で安全にジャンプ・着地ができるようになるための種目で構成される．この段階では，片脚スクワットおよび片脚ジャンプの踏み切りと着地の両方において，バランスシューズがまったく揺れないような下肢アライメントを理解し，意識下で作り出し，それを習慣化する．

　各種目を進める過程で，少しでも揺れるようであれば次の種目に進んではいけない．つまり，各種目で揺れが完全に消えることが次の種目に進むための必要条件である．各種目の反復回数は 3 〜 5 回 × 3 〜 5 セットなどのように，集中力を高めるため反復回数を少なくする．

（1）片脚スクワット（図 4.35）　　　　　　　　　　　　　　　　　　　　　　Level 4

①膝を 10 〜 20° 程度屈曲した片脚立ちとなる（a）．
②バランスシューズを揺らさないように片脚スクワットを行い（b），45° 程度まで膝を曲げる．

※どうしても片脚スクワット中のバランスがとれない場合は，対側のつま先を床にわずかに触れた状態（体重を乗せない）で行う．

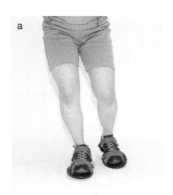
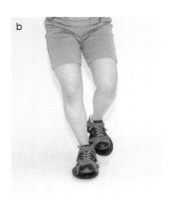

（2）片脚着地（図 4.36）　　　　　　　　　　　　　　　　　　　　　　　　Level 4

①肩幅のスタンスをとり，つま先を正面に向ける．
②素早く膝を 45 〜 60° 程度屈曲させてから垂直跳びを行う（a）．最初は，床からつま先が 3 cm 程度離れる程度とする．
③できるだけ足音が出ないように片脚で着地する（b）．

※踏み切り，着地の両方でバランスシューズがまったく揺れないことが確認されたら，徐々に高く跳ぶようにする．

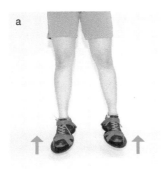
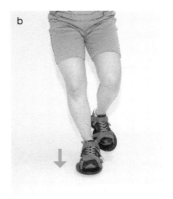

（3）片脚ジャンプ・片脚着地（図4.37）

Level 4

①膝を10〜20°程度屈曲した片脚立ちとなる.

②片脚で垂直に跳ぶ．最初は，床からつま先が3cm程度離れる程度とする（a）.

③できるだけ足音が出ないように片脚（同側）で着地し，静止する（b）.

④3秒間静止した後，次のジャンプを行う.

※踏み切り，着地の両方でバランスシューズがまったく揺れないことが確認されたら，徐々に高く跳ぶようにする.

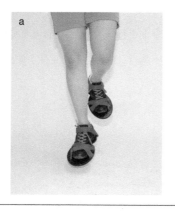 

3秒静止

（4）片脚連続ジャンプ（図4.38）

Level 4

①膝を10〜20°程度屈曲した片脚立ちとなる.

②片脚で垂直に跳ぶ．最初は，床からつま先が3cm程度離れる程度とする（a）.

③できるだけ足音が出ないように片脚（同側）で着地し，静止せずにすぐに同側片脚でジャンプする（b）.

※踏み切り，着地の両方でバランスシューズがまったく揺れないことが確認されたら，徐々に高く跳ぶようにする.

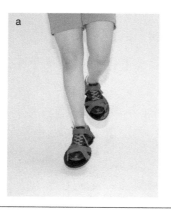 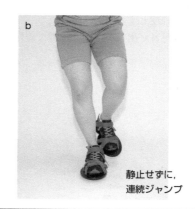

静止せずに，
連続ジャンプ

E. Level 5

　Level 5 は，両脚もしくは片脚荷重を保ちつつ，重心を素早く水平に，前後左右に移動させる種目で構成される．球技など，素早く重心を移動させる動作において，下肢アライメントを最適な状態に保てるようになることを目的としている．各種目の反復回数は 10 回×3〜5 セットなどのように，疲労下でも下肢アライメントを保てるように反復回数を増やし，動作の習慣化を推進する．

（1）左右重心移動（図 4.39）　　　　　　　　　　　　　　　　　　　　　　　Level 5

①肩幅のスタンスをとり，つま先を正面に向ける（a）．
②右方向に重心を移動させる場合，左膝が伸びるまで骨盤を右に素早く移動する（b）．
③上の②が終了した位置でひと呼吸おいた後，右膝が伸びるまで，骨盤を左方向に素早く移動する．
④上記の運動を反復する．

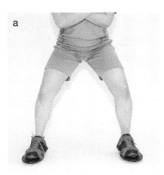 

（2）前後重心移動（図 4.40）　　　　　　　　　　　　　　　　　　　　　　　Level 5

①両足部を前後に 30 cm，左右に 30 cm 程度開いたスタンスをとり，つま先を正面に向ける．
②前方向に重心を移動させる場合，後ろ脚の股関節伸展により，骨盤を水平に前方に素早く移動する（a）．水平方向に移動することが重要であり，移動中の骨盤の上下動は 1 cm 以内とする．
③上の②が終了した位置でひと呼吸おいた後，前脚の膝が伸びるまで，骨盤を後方に素早く移動する（b）．
④上記の運動を反復する．

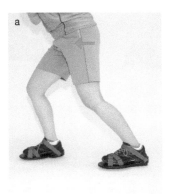 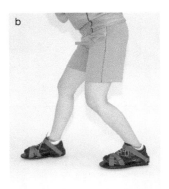

（3）左右2ステップドリル（図4.41）

①肩幅のスタンスをとり，つま先を正面に向ける．

②右方向に重心を移動させる場合，骨盤を右方向に移動しつつ，右方向に右足部を10cm踏み出す．右足部が接地した直後に，左足を右方向に10cm引きつけて元のスタンスに戻る．

③②が終了した位置で即座に，できるだけ速くスクワットステップを繰り返す．

④左方向に同様に1歩ずつステップした後，スクワットステップを行う（a, b, c）.

⑤左右の往復を繰り返す．

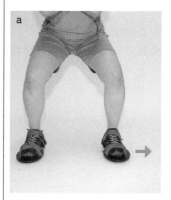  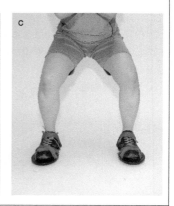

（4）前後2ステップドリル（図4.42）

①肩幅のスタンスをとり，つま先を正面に向ける．

②前方向に重心を移動させる場合，骨盤を前方に移動しつつ，右足部を前方に10cm踏み出す（a）.接地した直後に，左足を前方に10cm引きつけて（b），元のスタンスに戻る．

③②が終了した位置で即座に，できるだけ速くスクワットステップを繰り返す（c）.

④後方に同様に1歩ずつステップした後，スクワットステップを行う．

⑤前後の往復を繰り返す．

F. Level 6

Level 6 は，重心を素早く前後，左右，斜め方向などに水平に移動させる種目で構成される．球技など，素早く重心を移動させる動作において，下肢アライメントを最適な状態に保てるようになることを目的としている．各種目の反復回数は 10 回× 3 〜 5 セットなどのように，疲労下でも下肢アライメントを保てるように反復回数を増やし，動作の習慣化を推進する．

（1）5 ウェイランジ（図 4.43） Level 6

①肩幅のスタンスをとり，つま先を正面に向ける（a）.

②前方（b），後方（f），側方（d），斜め前方（c），斜め後方（e）の 5 方向について，あらかじめステップする順番を決める．

③予定された順番に従い，骨盤を移動させつつ右足を 1 歩（15 cm）踏み出す．その際，左右の足部は常に平行保ち，膝とつま先を正面に向けた状態を保つ．

④踏み出した足を素早く元の位置（①のスタンス）に戻す．

※ステップ幅を 15 cm から徐々に拡大し，100 cm を目指す．

※予定された順番での動作に習熟し，バランスシューズの揺れが消失したら，指導者の合図によりランダムの順番でステッピングを行う．

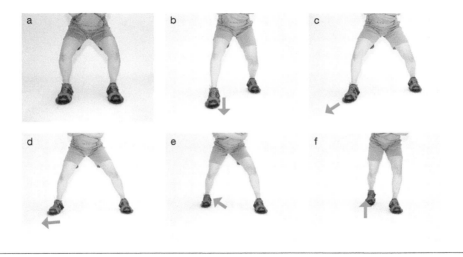

（2）3ステップドリル（図4.44）

Level 6

①肩幅のスタンスをとり，つま先を正面に向ける．

②右方向に進む場合，最初に右足部を15 cm程度右方向に，できるだけ速くスライドステップする（a）．

③右足の接地直後に，左足を右足部の30 cm右側に接地するクロスステップを行う（b）．

④左足の接地直後に，右足部を左足部の右側30 cmに接地するステップを行い（c, d），元のスタンスに戻る（e）．

※②の右足部のステップ幅を15 cmから徐々に拡大し，50 cmを目指す．

※最初は右方向のみ，左方向のみなど，一方向に向けたステッピングから開始する．動作に習熟し，バランスシューズの揺れが消失したら，左右交互にステップを行う．さらには，指導者の合図によりランダムの方向にステッピングを行う．

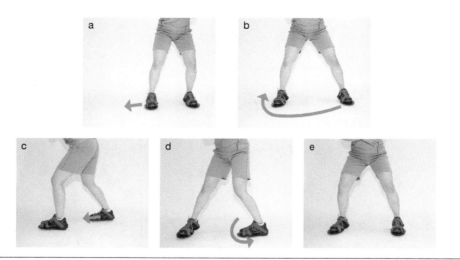

（3）サイドキック（図4.45）

Level 6

①肩幅のスタンスをとり，つま先を正面に向ける．

②右方向（もしくは右斜め前方）に最大努力でジャンプし，右足部で着地する（a, b）．

③右足部着地後ひと呼吸おいて，バランスシューズが揺れない状態を確認したうえで，左方向（もしくは左斜め前方）に最大努力でジャンプし，左足部で着地する．

④上記を繰り返し，ジグザグに前方に進む．

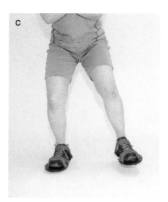

（4）バウンディング（図4.46）   Level 6

①肩幅のスタンスをとり，つま先を正面に向ける.
②左足部で踏み切って前方に最大努力でジャンプし（a），右足部で着地する（b）.
③右足部着地後ひと呼吸おいて，バランスシューズが揺れない状態を確認したうえで（c），右足部のみで踏み切って前方に最大努力でジャンプし，左足部で着地する.
④上記を繰り返し，前方に進む.

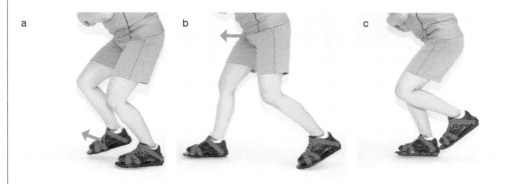

G. Level 7

　Level 7は，ジャンプ（両足部離地）を伴い，重心を素早く前後左右に移動させる種目で構成される. 球技など，素早く，また大きく重心を移動させるジャンプを伴う動作において，下肢アライメントを最適な状態に保てるようになることを目的としている. 各種目の反復回数は10回×3〜5セットなどのように，疲労下でも下肢アライメントを保てるように反復回数を増やし，動作の習慣化を推進する.

（1）前後ステップジャンプ（図4.47）   Level 7

①肩幅のスタンスをとり，つま先を正面に向ける.
②一側の足部を前方に1歩ステップする（a）.
③対側の足を前方に一方ステップし（b），元のスタンスに戻りつつ，重心を下げる.
④最大努力で垂直にジャンプし（c, d），両足部で着地する.
⑤ひと呼吸おいて，後方に1歩ステップする.
⑥対側の足を後方に一方ステップし，元のスタンスに戻りつつ，重心を下げる.
⑦最大努力で垂直にジャンプし，両足部で着地する.

※習熟したら，着地後にひと呼吸おかず連続的にステップジャンプを繰り返す.

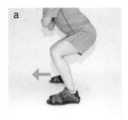 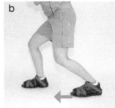 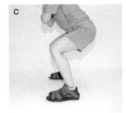 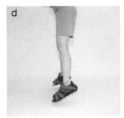

（2）側方ステップジャンプ（図4.48）　　　　　　　　　　Level 7

①肩幅のスタンスをとり，つま先を正面に向ける．
②一側の足部を同側に1歩ステップする（a）．
③対側の足部を進行方向にステップし（b），元のスタンスに戻りつつ，重心を下げる．
④最大努力で垂直にジャンプし（c），両足部で着地する（d）．
⑤ひと呼吸おいて，同側もしくは反対方向に1歩ステップする．
⑥対側の足部を後方に一方ステップし，元のスタンスに戻りつつ，重心を下げる．
⑦最大努力で垂直にジャンプし，両足部で着地する．

※習熟したら，着地後にひと呼吸おかず左右交互に連続的にステップジャンプを繰り返す．

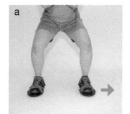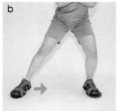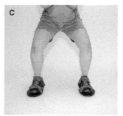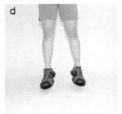

（3）片脚前方ステップジャンプ（図4.49）　　　　　　　　Level 7

①肩幅のスタンスをとり，つま先を正面に向ける．
②バウンディング（図4.46）の要領で，一側の足部を前方に一歩ステップする（a）．
③着地直後に片脚で踏み切り（b），垂直にジャンプし（c），同側で着地する．
④ひと呼吸おいて，バウンディングの要領で，反対側の足部で前方に1歩ステップする．
⑤着地直後に片脚で踏み切り，垂直にジャンプし，同側で着地する．

※習熟したら，着地後にひと呼吸おかず連続的にステップジャンプを繰り返す．

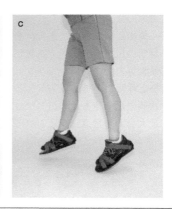

（4）片脚側方ステップジャンプ（図 4.50）　Level 7

①肩幅のスタンスをとり，つま先を正面に向ける.

②サイドキックの要領で，進行方向の足部を側方に 1 歩ステップする（a）.

③着地直後に片脚で踏み切り，垂直にジャンプし（b, c, d），同側で着地する.

④ひと呼吸おいて，サイドキックの要領で，反対側の足部で側方に 1 歩ステップする.

⑤着地直後に片脚で踏み切り，垂直にジャンプし，同側で着地する.

※習熟したら，着地後にひと呼吸おかず連続的にステップジャンプを繰り返す.

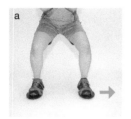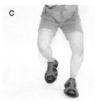

H．Level 8

　Level 8 は，膝の向いている方向が随時変化するひねりを伴う運動から構成される．下肢に回旋ストレスがかかるような動作において，膝関節に回旋ストレスを及ぼさないような動作の獲得を目的としている．各種目の反復回数は 10 回×3 〜 5 セットなどのように，疲労下でも下肢アライメントを保てるように反復回数を増やし，動作の習慣化を推進する.

（1）90°両脚連続ジャンプ（図 4.51）　Level 8

①肩幅のスタンスをとり，つま先を正面に向ける.

②素早く膝を 45 〜 60°程度屈曲させてから垂直跳びを行い（a），空中で 90°回転する（b）.

③できるだけ足音が出ないように両足部で着地する（c）.

④ひと呼吸おかずに，垂直跳びを行い，反対方向に 90°回転して着地する.

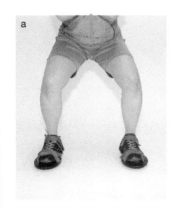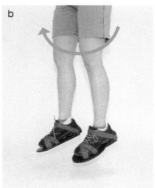

（2）180°両脚連続ジャンプ（図4.52）

①肩幅のスタンスをとり，つま先を正面に向ける.

②素早く膝を45〜60°程度屈曲させてから垂直跳びを行い，空中で180°回転する（a, b, c）.

③できるだけ足音が出ないように両脚で着地する.

④ひと呼吸おかずに，垂直跳びを行い，反対方向に180°回転して着地する.

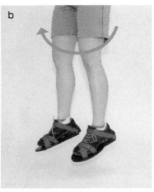
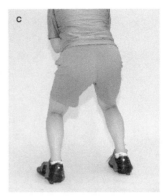

（3）90°両脚ジャンプ・片脚着地（図4.53）

①肩幅のスタンスをとり，つま先を正面に向ける.

②素早く膝を45〜60°程度屈曲させてから垂直跳びを行い，空中で90°回転する（a, b）.

③できるだけ足音が出ないように回転方向の片脚で着地する（c）.

④片脚着地で1秒間静止した後，反対側の足部を接地しつつ重心を下げて垂直跳びを行い，反対方向に空中で90°回転する（d）.

⑤できるだけ足音が出ないように回転方向の片脚で着地し，片脚着地で1秒間静止する（e）.

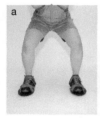
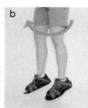

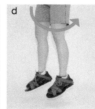

（4）90°片脚連続ジャンプ（図 4.54） Level 8

①片脚スクワットの姿勢となる．
②片脚で踏み切り，空中で 90°回転する（a, b）．
③できるだけ足音が出ないように同側片脚で着地する（c）．
④ひと呼吸おかずに，垂直跳びを行い，反対方向に 90°回転して着地する（d, e）．

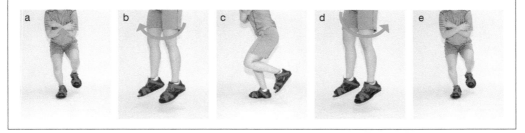

【まとめ】

　下肢ダイナミックリアラインは，基本的にローカル・リアラインが進んだ状態で行うのが望ましい．しかし，一般のスポーツ現場などではローカル・リアラインを行わずにグローバル・リアラインに取り組むことも多いと思われる．膝などの回旋可動域が不足している状態で，ジャンプ動作を行うことには半月板損傷などのリスクがあると思われるため，**Level 1 と Level 2 のみを少なくとも 2 週間以上行ったうえで，Level 3 以降に進むことが望ましい**．各レベルは少なくとも 1 週間（5 セッション程度）かけて習熟に取り組み，常にバランスシューズに揺れがない状態でトレーニングを行うことが重要である．グローバル・リアラインがアスリートに普及し，パフォーマンス向上と膝外傷予防に役立てていただけることを祈念したい．

文献

1) Woo, S. L., Hollis, J. M., Adams, D. J., Lyon, R. M., Takai, S.: Tensile properties of the human femur-anterior cruciate ligament-tibia complex. The effects of specimen age and orientation. *Am J Sports Med*, 19(3): 217-25, 1991.
2) Perry, J.: Gait analysis: Normal and pathological function. Edited, Thorofare, NJ, Slack Inc., 1992.
3) Lieberman, D. E., Venkadesan, M., Werbel, W. A., Daoud, A. I., D'Andrea, S., Davis, I. S., Mang'eni, R. O., Pitsiladis, Y.: Foot strike patterns and collision forces in habitually barefoot versus shod runners. *Nature*, 463(7280): 531-5, 2010.
4) Howard, R.: The application of data analysis methods for surface electromyography in shot putting and sprinting. In *Department of Electronics and Computer Engineering*. Edited, University of Limerick, 2017.
5) Torry, M. R., Shelburne, K. B., Myers, C., Giphart, J. E., Pennington, W. W., Krong, J. P., Peterson, D. S., Steadman, J. R., Woo, S. L.: High knee valgus in female subjects does not yield higher knee translations during drop landings: a biplane fluoroscopic study. *J Orthop Res*, 31(2): 257-67, 2013.
6) Ikuta, F., Yoneta, K., Miyaji, T., Kidera, K., Yonekura, A., Osaki, M., Gamada, K.: Knee kinematics of severe medial knee osteoarthritis showed tibial posterior translation and external rotation: a cross-sectional study. *Aging Clin Exp Res*, 32(9): 1767-75, 2020.
7) Powers, C. M., Ward, S. R., Fredericson, M., Guillet, M., Shellock, F. G.: Patellofemoral kinematics during weight-bearing and non-weight-bearing knee extension in persons with lateral subluxation of the patella: a preliminary study. *J Orthop Sports Phys Ther*, 33(11): 677-85, 2003.

索引

（注）色文字は，エクササイズ名

著者紹介

蒲田和芳（がまだ かずよし）

1991 年　東京大学教育学部 体育学・健康教育学科卒業

1998 年　東京大学大学院総合文化研究科 身体運動科学専攻 修了

横浜市スポーツ医科学センター整形診療科 理学療法室長，コロラド大学ヘルスサイエンスセンター 整形外科バイオメカニクス研究室（ポスドクフェロー），フロリダ大学機械・航空工学科 整形外科バイオメカニクス研究室（リサーチフェロー）などを経て，2006 年広島国際大学保健医療学部 准教授，2013 年より同大学総合リハビリテーション学部リハビリテーション学科 准教授，2015 年同学部同学科 教授（〜 2020 年 3 月）.

（株）GLAB 代表取締役. 学術博士，理学療法士.

<写真>　村田克己ほか
<写真モデル>　東京ガールズ（MAMI）ほか
<協力>　エクササイズ指導：杉野伸治
　　　　衣装：株式会社ドーム
　　　　エクササイズツール：株式会社 GLAB

★リアライン・トレーニングの内容，関連デバイスの購入についてのお問い合わせは，株式会社 GLAB（info@realine.info, https://realine.info）へお願いいたします.

NDC 780　　166p　　26 cm

リアライン・トレーニング <下肢編（かしへん）>
―関節（かんせつ）のゆがみ・骨（ほね）の配列（はいれつ）を整（ととの）える最新（さいしん）理論（りろん）―
2021 年 6 月 3 日　第 1 刷発行

著　者　蒲田和芳（がまだ かずよし）
発行者　髙橋明男
発行所　株式会社　講談社
　　　　〒112-8001　東京都文京区音羽 2-12-21
　　　　　　販　売　（03）5395-4415
　　　　　　業　務　（03）5395-3615
編　集　株式会社　講談社サイエンティフィク
　　　　代表　堀越俊一
　　　　〒162-0825　東京都新宿区神楽坂 2-14　ノービィビル
　　　　　　編　集　（03）3235-3701
本文データ制作　株式会社双文社印刷
表紙印刷　豊国印刷株式会社
カバー印刷　株式会社双文社印刷
本文印刷・製本　株式会社講談社

落丁本・乱丁本は，購入書店名を明記のうえ，講談社業務宛にお送り下さい. 送料小社負担にてお取替えします. なお，この本の内容についてのお問い合わせは講談社サイエンティフィク宛にお願いいたします.
定価はカバーに表示してあります.

© Kazuyoshi Gamada, 2021

本書のコピー，スキャン，デジタル化等の無断複製は著作権法上での例外を除き禁じられています. 本書を代行業者等の第三者に依頼してスキャンやデジタル化することはたとえ個人や家庭内の利用でも著作権法違反です.

JCOPY 〈（社）出版者著作権管理機構　委託出版物〉
複写される場合は，その都度事前に（社）出版者著作権管理機構（電話 03-5244-5088, FAX 03-5244-5089, e-mail : info@jcopy.or.jp）の許諾を得て下さい.
Printed in Japan

ISBN978-4-06-280663-3

「リアライン・トレーニング」の第一弾

リアライン・トレーニング〈体幹・股関節編〉

蒲田和芳・著　B5判・176頁・定価3960円（税込み）・2色刷　ISBN978-4-06-280658-9

「リアライン・トレーニング」の理論や方法のエッセンスがつまった1冊。

目次

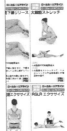

講談社の自然科学書

コアコンディショニングとコアセラピー

平沼 憲治／岩﨑 由純・監修
蒲田 和芳／渡辺 なおみ・編
日本コアコンディショニング協会・協力

2色刷

B5・254頁・定価4,620円

コアコンディショニングの体系的理解。体幹部の骨格・筋肉のゆがみをとるコアコンディショニング。科学的・医学的理論と実践例を紹介。選手や一般向けだけでなく、介護予防向けのプログラムも紹介。

高齢者の筋力トレーニング
安全に楽しく行うための指導者向け実践ガイド
DVD付き

都竹 茂樹・著

B5・124頁・定価3,080円

介護予防の現場で活用できる実践テキスト。マシンを使わずに安全かつ効果的に行える筋力トレーニング法を紹介。理論についてもわかりやすく説明し、筋トレ教室の運営方法にも言及。保健師、介護関係者にとっても待望の1冊。DVD付き（約45分）。

認知症の人もいっしょにできる
高齢者レクリエーション

カラー

尾渡 順子・著

B5・128頁・定価2,200円

認知症の人も楽しく参加できるレクリエーションを多数紹介。手足と頭をつかい、症状の改善も促します。事前の用意も簡単です。利用者の方のご家族にも大好評。

もっとなっとく
使えるスポーツサイエンス

征矢 英昭／本山 貢／石井 好二郎・編

カラー

A5・203頁・定価2,200円

『新版　これでなっとく使えるスポーツサイエンス』の全面リニューアル版！カラー化し、Qの項目を一新。最新の理論をわかりやすく解説。トレーニングに、試合に、健康に、役立つ知識が満載。現場で出会う疑問に最新理論で答える。

健康・運動の科学
介護と生活習慣病予防のための運動処方

田口 貞善・監修　小野寺 孝一／山崎 先也／村田 伸／
中澤 公孝・編

B5・199頁・定価2,420円

運動処方の基礎理論から対象別（生活習慣病予防、高齢者の転倒予防、認知症予防、骨粗鬆症予防）の応用例、運動指導の実際まで具体的に解説。さらに運動効果の最新のエビデンスを紹介。「健康運動」「運動処方」の教科書にも最適。

新版 乳酸を活かした
スポーツトレーニング

カラー

八田 秀雄・著

A5・156頁・定価2,090円

最新知見のカラー改訂版。乳酸を切り口に、運動時の生体内のメカニズムを基礎からやさしく説明。血中乳酸濃度測定のノウハウ、各競技の活用事例も紹介。

スポーツカウンセリング入門

内田 直・著

A5・134頁・定価2,420円

選手の心を支えるために。臨床心理学の基礎から、カウンセリング技法、スポーツに特有の背景などを、わかりやすく説明する。

好きになる解剖学 Part3
自分の体のランドマークを確認してみよう

竹内 修二・著

カラー

A5・215頁・定価2,420円

見開き構成。解剖図もカラーになって、よりわかりやすい。体表に触れ、からだを動かしながら、筋肉や骨などの位置や機能を勉強しよう。内臓や神経、血管などの位置も実感できる。

これからの健康とスポーツの科学

安部 孝／琉子 友男・編

2色刷 第5版

B5・208頁・定価2,640円

一般教養の体育の教科書。各種データを更新し、サルコペニアなど話題のテーマも取り上げた。生活習慣病、運動の効果、筋力トレーニングのメカニズム、骨粗鬆症、ストレスへの対応など。2色刷。

好きになる栄養学 第3版
食生活の大切さを見直そう

カラー

麻見 直美／塚原 典子・著

A5・256頁・定価2,420円

身近な話題をテーマに、栄養学をやさしく学べる。生化学の知識がなくてもらくらく理解。献立作成、ライフステージ別食生活、スポーツ栄養まで学べる入門書。フルカラー。

※表示価格は税込み価格（税10％）です。

（2021年5月現在）

講談社サイエンティフィク　https://www.kspub.co.jp/